CW00670598

BUCĂTĂRIA VENETO

100 de rețete ușoare și delicioase din nord-estul Italiei

CASIANA CHIRIȚĂ

Material cu drepturi de autor ©2024

Toate drepturile rezervate

Nicio parte a acestei cărți nu poate fi utilizată sau transmisă sub nicio formă sau prin orice mijloc fără acordul scris corespunzător al editorului și al proprietarului drepturilor de autor, cu excepția citatelor scurte utilizate într-o recenzie. Această carte nu trebuie considerată un substitut pentru sfaturi medicale, juridice sau alte sfaturi profesionale.

CUPRINS

INTRODUCERE

Porniți într-o călătorie culinară în inima nord-estului Italiei cu „Bucătăria veneto", o colecție de 100 de rețete ușoare și delicioase care prezintă aromele și tradițiile bogate ale regiunii Veneto. Această carte de bucate vă invită să explorați minunile gastronomice ale Veneției, Veronei și peisajele pitorești care definesc acest colț al Italiei. Alăturați-vă nouă în timp ce sărbătorim simplitatea, eleganța și gustul excepțional care fac din bucătăria venețiană o adevărată încântare.

Imaginați-vă canalele romantice din Veneția, dealurile ondulate ale podgoriilor de Prosecco și piețele pline de viață pline cu produse proaspete și fructe de mare. „Bucătăria din Veneto" nu este doar o carte de bucate; este un tur culinar care surprinde esența regiunii Veneto. Fie că îți dorești mâncărurile copioase din munți, deliciile cu fructe de mare de pe coasta Adriaticii sau răsfățurile dulci ale produselor de patiserie venețiene, aceste rețete sunt create pentru a te transporta în inima nord-estului Italiei.

De la risottouri delicioase la paste delicate cu fructe de mare și de la mămăligă savuroasă la tiramisu decadent, fiecare rețetă este o sărbătoare a aromelor diverse și încântătoare care înfloresc în Veneto. Fie că ești un bucătar experimentat care dorește să recreeze gusturile regiunii sau un bucătar de casă aventuros dornic să exploreze noi teritorii culinare, „Bucătăria veneto" este ghidul tău pentru a aduce căldura și aromele din nord-estul Italiei la masa ta.

Alăturați-vă nouă în timp ce explorăm bucătăriile din Veneto, unde fiecare fel de mâncare este o dovadă a prospețimii ingredientelor locale, a stăpânirii tehnicilor simple și a bucuriei de a savura viața. Așadar, adună-ți uleiul de măsline, îmbrățișează aromele Prosecco și haideți să pornim într-o aventură culinară prin „Bucătăria veneto".

MIC DEJUN

1.Caffè Latte e Brioche (cafea și pâine dulce)

INGREDIENTE:
- Brioşă sau cornuri proaspete
- Cafea italiană puternică
- Lapte

INSTRUCŢIUNI:
a) Preparaţi o ceaşcă puternică de cafea italiană.
b) Încălziţi laptele pe aragaz sau în cuptorul cu microunde.
c) Se toarnă cafeaua într-o ceaşcă şi se serveşte cu lapte cald în lateral.
d) Savuraţi brioşul scufundându-l în cafea sau ungându-l cu gem.

2.Toast franţuzesc Pandoro

INGREDIENTE:
- Felii de Pandoro (tort italian de Crăciun)
- 2 oua
- 1/2 cană lapte
- 1 lingurita extract de vanilie
- Unt pentru prăjit
- Sirop de arțar și zahăr pudră pentru servire

INSTRUCȚIUNI:
a) Bateți ouăle, laptele și extractul de vanilie într-un castron.
b) Înmuiați feliile de Pandoro în amestec, acoperind fiecare parte.
c) Se încălzește untul într-o tigaie și se gătesc feliile până se rumenesc.
d) Serviți cu sirop de arțar și pudră de zahăr pudră.

3.Frittelle Venete

INGREDIENTE:

- 250 g faina universala
- 2 oua
- 250 ml lapte
- 50 g zahăr
- 1 pachet (7g) drojdie uscată activă
- Zest de 1 lămâie
- Putina sare
- Ulei vegetal pentru prajit
- Zahăr pudră pentru pudrat

INSTRUCȚIUNI:

a) Într-un castron, amestecați făina, zahărul, drojdia și un praf de sare.
b) Într-un castron separat, amestecați ouăle, laptele și coaja de lămâie.
c) Combinați ingredientele umede și uscate, amestecând până se formează un aluat omogen.
d) Se acopera si se lasa sa creasca aproximativ 1-2 ore.
e) Încinge uleiul într-o tigaie. Puneți linguri de aluat în ulei și prăjiți până se rumenesc.
f) Scurgeți pe prosoape de hârtie, pudrați cu zahăr pudră și serviți cald.

4.Speck și Fontina Mic dejun Panini

INGREDIENTE:

- Ciabatta sau pâine italiană
- Speck feliat subțire (prosciutto afumat)
- Felii de brânză Fontina
- 1 lingura ulei de masline

INSTRUCȚIUNI:

a) Așezați felii de speck și Fontina pe pâine.

b) Stropiți ulei de măsline pe părțile exterioare ale pâinii.

c) Grătiți într-o presă pentru panini sau pe o tigaie până când brânza se topește și pâinea este crocantă.

d) Se feliază și se servește cald.

CICCHETTI

5.Baccalà Mantecato (cremă de cod sărat)

INGREDIENTE:

- 200g cod sarat, inmuiat si desarat
- 1 cățel de usturoi, tocat
- 100 ml ulei de măsline extravirgin
- Pătrunjel proaspăt, tocat
- Felii de pâine crustă

INSTRUCȚIUNI:

a) Fierbe codul sărat până se fulge ușor. Se scurge si se lasa sa se raceasca.

b) Fulgii mărunt codul și amestecați-l cu usturoiul tocat.

c) Adăugați treptat ulei de măsline în timp ce bateți până când obțineți o consistență cremoasă.

d) Întindeți codul cu smântână pe felii de pâine.

e) Se orneaza cu patrunjel tocat si se serveste.

6.Polpette di Sarde (Chiftelușe cu sardine)

INGREDIENTE:
- 200 g sardine proaspete, curăţate şi dezosate
- 1/2 cană pesmet
- 1 ou
- 2 linguri de parmezan ras
- Menta proaspata, tocata
- Ulei de măsline pentru prăjit

INSTRUCŢIUNI:
a) Tocaţi mărunt sardinele.
b) Amesteca sardinele, pesmetul, ouul, parmezanul si menta intr-un castron.
c) Se formează chiftele mici şi se prăjesc în ulei de măsline până devin aurii.
d) Serviţi cu scobitori.

7.Radicchio și Taleggio Crostini

INGREDIENTE:
- Felii de baghetă sau pâine italiană
- Radicchio, feliat subțire
- Brânză Taleggio, feliată
- Miere pentru burniță

INSTRUCȚIUNI:
a) Prăjiți feliile de pâine.
b) Acoperiți cu felii de radicchio și Taleggio.
c) Stropiți cu miere.
d) Se prăjește până când brânza este topită și clocotită.
e) Serviți cald.

8.Frigarui de prosciutto si pepene galben

INGREDIENTE:
- Felii de prosciutto
- Pepene galben, tăiat cubulețe de mărimea unei mușcături
- Glazură balsamică pentru stropire

INSTRUCȚIUNI:
a) Înfășurați feliile de prosciutto în jurul cuburilor de pepene galben.
b) Se frigărui fiecare cu o scobitoare.
c) Aranjați pe un platou de servire.
d) Stropiți cu glazură balsamică chiar înainte de servire.

9.Arancini al Nero di Seppia (bile de risotto cu cerneală de sepie)

INGREDIENTE:
- Risotto rămas (de preferință cu cerneală de sepie)
- Brânză Mozzarella, tăiată cubulețe mici
- Firimituri de pâine
- ouă
- Ulei vegetal pentru prajit

INSTRUCȚIUNI:
a) Luați o cantitate mică de risotto rece și aplatizați-l în mână.
b) Puneți un cub de mozzarella în centru și modelați risotto-ul în jurul lui într-o bilă.
c) Înmuiați bila în ouă bătute și apoi rulați-o în pesmet.
d) Se prăjește pană devine maro auriu și crocant.
e) Se serveste cald cu un strop de sare.

10.Gamberetti în salsa rosa (creveți în sos roz)

INGREDIENTE:

- Creveți fierți, curățați și devenați
- Sos cocktail (maioneza si ketchup amestecate)
- Roți de lămâie
- Pătrunjel proaspăt tocat

INSTRUCȚIUNI:

a) Ungeți fiecare creveți în sos cocktail.
b) Frigarui crevetii cu scobitori.
c) Se ornează cu un strop de suc de lămâie și pătrunjel tocat.
d) Servit rece.

11.Funghi Trifolati (ciuperci sotate)

INGREDIENTE:

- Ciuperci proaspete, curatate si feliate
- Ulei de masline
- Usturoi, tocat
- Cimbru proaspăt
- Sare si piper dupa gust
- Bruschetta sau paine cu crusta

INSTRUCȚIUNI:

a) Se calesc ciupercile în ulei de măsline până când își eliberează umezeala.
b) Adăugați usturoiul tocat și gătiți până se parfumează.
c) Asezonați cu cimbru proaspăt, sare și piper.
d) Se servesc pe bruschetta sau alaturi de paine cu crusta.

12.Mămăligă cu Salsiccia (Mamăligă cu cârnați)

INGREDIENTE:
- Mămăligă, tăiată în pătrate
- Cârnați italieni gătiți, feliați
- Sos de rosii
- Parmezan ras
- Frunze de busuioc proaspăt pentru decor

INSTRUCȚIUNI:
a) Prăjiți la grătar sau prăjiți felii de mămăligă până devin aurii.
b) Acoperiți fiecare felie de mămăligă cu o felie de cârnați gătiți.
c) Peste cârnați se pune puțin sos de roșii.
d) Se presara cu parmezan si se orneaza cu busuioc proaspat.

13.Crostini de mămăligă de petrecere

INGREDIENTE:

- 1 pachet Mamaliguta
- 200 grame parmezan, proaspăt ras
- Ulei de măsline pentru periaj
- 3 roșii prune, decojite, fără semințe și tăiate cubulețe
- 1 cățel de usturoi, curățat și tocat mărunt
- 6 frunze de busuioc proaspăt, rupte grosier
- 4 linguri ulei de măsline extravirgin
- Fulgi de sare de mare și piper negru proaspăt măcinat
- 350 de grame de legume amestecate, cum ar fi dovlecei și vinete, tăiate și feliate
- 1 lingurita frunze de cimbru proaspat
- 1 lingura otet balsamic
- 75 de grame de brânză Dolcelatte, feliată
- 6 felii subtiri de sunca de Parma, fiecare jumatate

INSTRUCȚIUNI:
PENTRU MĂMĂLIGĂ:
a) Mai întâi, pregătiți mămăliga urmând instrucțiunile de pe pachet.
b) Bateți parmezanul în mămăligă.
c) Intinde mamaliga intr-o tava mare pentru a face un strat de aproximativ 2,5 cm grosime.
d) Se lasa la racit.

PENTRU ROSII AL CRUDO:
a) Pune roșiile într-un bol și amestecă usturoiul, busuiocul și 2 linguri de ulei.
b) Se condimentează bine cu sare și piper negru proaspăt măcinat.

PENTRU LEGUME MARINATATE LA GRĂTAR:
a) Se încălzește o grătar până se afumă, apoi se adaugă uleiul rămas și se pun legumele pe grătar.
b) Gatiti 3-4 minute pe fiecare parte pana se rumenesc.
c) Transferați într-un bol și asezonați cu sare piper negru proaspăt măcinat și frunze de cimbru.
d) Adăugați oțetul balsamic.

A ASAMBLA:
a) Odată ce mămăliga este rece și solidă, tăiați-o în degete groase și lungi.
b) Preîncălziți grătarul la cald. Ungeți degetele de mămăligă cu ulei de măsline și puneți-le pe o tigaie pentru grătar tapetată cu folie.
c) Prăjiți mămăliguța sub grătar timp de 2 minute pe fiecare parte până devine maro auriu și crocantă.
d) Acoperiți o treime din degetele de mămăligă cu brânză dolcelatte și șuncă de Parma ciufulită.
e) Prăjiți încă 2 minute până când brânza se topește și clocotește.
f) Acoperiți încă o treime din degetele de mămăligă cu roșiile al crudo și restul cu amestecul de legume la grătar.
g) Serviți crostini de mămăligă pe un platou mare.

14.Patratele de mamaliga la gratar

INGREDIENTE:

- 2 catei de usturoi; tocat mărunt
- ¼ lingurita de piper negru
- 2 căni de apă
- 2 linguri ulei de măsline extravirgin
- 2 cani de stoc
- ⅓ cană brânză Cotija, măruntită
- 1 cană mămăligă
- 4 linguri ulei de masline, pentru periaj
- ½ ceapă roșie; tocat mărunt
- 1 lingurita sare de mare
- 2 linguri de unt nesarat

INSTRUCȚIUNI:

a) Într-o cratiță mare și grea, încălziți uleiul de măsline la foc mic.

b) Se caleste ceapa aproximativ 3 minute inainte de a adauga usturoiul.

c) La foc iute, aduceți bulionul, apa și sarea la fiert.

d) Reduceți focul la mic și, după ce lichidul se fierbe, stropiți încet mămăligă într-un jet subțire, amestecând continuu.

e) Reduceți căldura la o setare foarte scăzută și continuați să amestecați timp de 25 până la 30 de minute sau până când boabele de mămăligă s-au înmuiat.

f) Adăugați piperul negru, Cotija și untul și amestecați bine.

g) Puneți mămăliga într-o tavă și întindeți-o uniform.

h) Se lasa deoparte 1 ora la temperatura camerei.

i) Aplicați ulei pe tigaia grătarului. Unge mamaliga cu ulei de masline si taie-o in 8 patrate.

j) Preîncălziți tigaia pentru grătar și gătiți pătratele timp de 9 minute pe fiecare parte sau până când se rumenesc.

FORM PRINCIPAL

15.Risi e Bisi (orez şi mazăre veneţiană)

INGREDIENTE:

- 1 cană de orez Arborio
- 1 cana mazare proaspata (sau congelata)
- 1 ceapa mica, tocata marunt
- 2 linguri de unt
- 4 cesti supa de legume sau pui
- Sare si piper dupa gust
- Parmezan ras pentru servire

INSTRUCȚIUNI:

a) Intr-o tigaie caliti ceapa tocata in unt pana devine translucida.

b) Adăugați orezul și gătiți timp de câteva minute până când se prăjește ușor.

c) Se toarnă o cană de bulion și se amestecă până se absoarbe. Continuați să adăugați bulion treptat.

d) Când orezul este aproape fiert, adăugați mazăre proaspătă sau congelată.

e) Gatiti pana cand orezul devine cremos si mazarea este frageda. Asezonați cu sare și piper.

f) Se serveste fierbinte, acoperite cu parmezan ras.

16.Salată venețiană de bacon și fasole

INGREDIENTE:

- 5 felii de pancetta, tocate si fierte
- 1 borcan de 8 oz de ardei roșu prăjit, scurs și tocat
- 1 cană de roșii cherry, tăiate la jumătate
- 3 linguri de ulei de măsline extravirgin
- 1 kilogram de spanac proaspăt
- 2 catei de usturoi, tocati
- 1 15 oz. conserva de fasole cannellini, clătită și scursă
- 3 linguri de oțet de vin roșu
- 1/2 lingurita de sare
- 1/2 linguriță de piper negru proaspăt măcinat
- 1/2 lingurita de zahar
- 1/4 cană de pătrunjel italian proaspăt, tocat
- 1/4 cană busuioc proaspăt, tocat

INSTRUCȚIUNI:

a) Într-un castron de mărime medie, amestecați slănina, ardeii și roșiile.

b) Clătiți spanacul și tăiați tulpinile.

c) Într-o tigaie mare, căliți spanacul și usturoiul în ulei de măsline până când spanacul se ofilește.

d) Se amestecă fasolea cannellini și se fierbe timp de 1 minut.

e) Adăugați oțetul, sarea, piperul și zahărul și gătiți timp de 1 minut.

f) Puneți amestecul pe un platou de servire și acoperiți cu amestecul de pancetta, ardei și roșii. Serviți cald.

17.Supă venețiană de orez și mazăre

INGREDIENTE:

- 1 ceapa galbena, tocata
- 2 catei de usturoi, tocati
- 1 lingura ulei de masline extravirgin
- 5 linguri de unt
- 1 10 oz. Pachet de mazăre congelată
- 1/2 lingurita de sare
- 1/2 linguriță de piper negru proaspăt măcinat
- 1 cană de orez Arborio, nefiert
- 6 căni de supă de pui
- 1/4 cană de pătrunjel italian proaspăt
- 1/2 cană de brânză proaspătă rasă parmezan

INSTRUCȚIUNI:

a) Intr-o oala mare caliti ceapa si usturoiul in ulei de masline si unt pana se inmoaie.

b) Adăugați mazărea și gătiți timp de 2 până la 3 minute.

c) Asezonați cu sare și piper.

d) Adăugați orezul și amestecați câteva minute.

e) Se amestecă bulionul de pui și se aduce la fierbere.

f) Reduceți focul și fierbeți aproximativ 30 de minute până când orezul este fraged.

g) Se amestecă pătrunjelul.

h) Luați de pe foc și adăugați parmezanul chiar înainte de servire.

18.Viţel înăbuşit cu dovleac

INGREDIENTE:

- 1 dovleac, tăiat la jumătate cu semințele și fibrele îndepărtate.
- 3 linguri de ulei de măsline extravirgin
- 1 lingura de unt
- 2 cepe galbene de marime medie, tocate
- 2 catei de usturoi, tocati
- 2 linguri de rozmarin proaspăt
- 2 kilograme de vițel cuburi
- 1/2 lingurita de sare
- 1 lingurita de piper negru proaspat macinat
- 1 cană de vin Marsala
- 2 căni de bulion de vită

INSTRUCȚIUNI:

a) Curățați dovleceii de coajă și tăiați în bucăți de 1/2 inch.

b) În 3 litri de apă clocotită cu sare gătiți dovleceii până se înmoaie.

c) Scurgeți și puneți deoparte.

d) Într-o tigaie mică, căliți ceapa, usturoiul și rozmarinul în 2 linguri de ulei de măsline până când ceapa devine translucidă. Pus deoparte.

e) Într-o oală mare, rumeniți carnea de vițel pe toate părțile în uleiul rămas și untul>

f) Asezonați cu sare și piper.

g) Adăugați Marsala și gătiți timp de 2 minute.

h) Adăugați amestecul de ceapă. dovleac și bulion și se aduce la fierbere.

i) Reduceți focul la fiert, acoperiți și gătiți timp de 1 până la 1 oră și 1/2 până când carnea este fragedă și dovleceii se fac piure.

19.Canederli al Formaggio (găluște cu brânză)

INGREDIENTE:

- 300 g pâine veche, tăiată cubulețe
- 1 cană lapte
- 2 oua
- 150g brânză (Fontina sau Asiago), rasă
- 1/4 cană unt
- 1/4 cană pesmet
- Sare si nucsoara dupa gust

INSTRUCȚIUNI:

a) Înmuiați cuburile de pâine în lapte până se înmoaie.

b) Amestecați ouăle, brânza rasă, sare și un praf de nucșoară.

c) Formați amestecul în găluște mici.

d) Gatiti galustele in apa clocotita cu sare pana cand plutesc.

e) Într-o tigaie separată, se topește untul și se călește pesmetul până devine auriu.

f) Rulați găluștele în amestecul de pesmet.

g) Serviți cald.

20.Pizzoccheri della Valtellina

INGREDIENTE:

- 250 g paste pizzoccheri (paste cu hrişcă)
- 200 g varză, mărunţită
- 150 g cartofi, curatati si taiati cubulete
- 100 g unt
- 1 catel de usturoi, tocat
- 200 g brânză Valtellina Casera, rasă
- 100 g parmezan, ras
- Sare si piper dupa gust

INSTRUCŢIUNI:

a) Gatiti pastele pizzoccheri, varza si cartofii in apa clocotita cu sare.
b) Într-o tigaie separată, se topeşte untul şi se căleşte usturoiul tocat.
c) Scurge pastele şi legume, apoi amestecă cu untul şi usturoiul.
d) Adauga Valtellina Casera rasa si parmezan.
e) Asezonaţi cu sare şi piper.
f) Se serveste fierbinte.

21.Pasta e Fagioli Veneta (Supă de paste şi fasole veneţiene)

INGREDIENTE:

- 250 g paste (cum ar fi ditalini sau scoici mici)
- 1 cană fasole borlotti, fiartă
- 1 ceapa, tocata
- 2 catei de usturoi, tocati
- 2 linguri pasta de rosii
- 1/4 cană ulei de măsline
- 1 litru bulion de legume
- Sare si piper dupa gust
- Pătrunjel proaspăt, tocat pentru decor

INSTRUCȚIUNI:

a) Într-o oală, căliți ceapa și usturoiul în ulei de măsline până se înmoaie.
b) Adăugați pasta de roșii și gătiți câteva minute.
c) Adăugați fasole borlotti fiartă și bulion de legume.
d) Se aduce la fierbere și apoi se adaugă pastele. Gatiti pana cand pastele sunt al dente.
e) Se condimentează cu sare și piper și se ornează cu pătrunjel proaspăt.
f) Se serveste fierbinte.

22.Spezzatino di Manzo al Barolo (Tocană de vită cu vin Barolo)

INGREDIENTE:

- 500 g carne de tocană de vită, tăiată cubulețe
- 1 ceapa, tocata marunt
- 2 morcovi, tăiați cubulețe
- 2 tulpini de telina, taiate cubulete
- 2 catei de usturoi, tocati
- 1 cană de vin Barolo
- 2 cesti supa de vita
- 2 linguri pasta de rosii
- Rozmarin proaspăt și cimbru
- Ulei de masline
- Sare si piper dupa gust

INSTRUCȚIUNI:

a) Intr-o oala se rumenesc cubuletele de vita in ulei de masline.

b) Adăugați ceapa, morcovii, țelina și usturoiul. Se caleste pana se inmoaie legumele.

c) Se amestecă pasta de roșii și se fierbe câteva minute.

d) Se toarnă vinul Barolo și se lasă să se reducă.

e) Adăugați bulion de vită, ierburi proaspete, sare și piper.

f) Se fierbe la foc mic până când carnea este fragedă.

g) Se serveste peste mamaliga sau piure de cartofi.

23.Trofie al Pesto Genovese (Trofie Pasta cu Pesto Genovese)

INGREDIENTE:

- 400 g paste trofie
- 2 cesti frunze proaspete de busuioc
- 1/2 cană brânză Pecorino rasă
- 1/2 cană parmezan ras
- 1/2 cană nuci de pin
- 2 catei de usturoi
- Ulei de măsline extra virgin
- Sare si piper dupa gust

INSTRUCŢIUNI:

a) Gatiti pastele trofie in apa clocotita cu sare pana al dente.
b) Într-un robot de bucătărie, amestecați busuioc, pecorino, parmezan, nuci de pin şi usturoi.
c) Adaugă treptat ulei de măsline până se formează un pesto fin.
d) Se amestecă pastele fierte cu pesto.
e) Asezonați cu sare şi piper.
f) Serviți cu brânză rasă suplimentară deasupra.

24.Stracotto di Manzo (prăjire la oală)

INGREDIENTE:

- 1,5 kg friptură de vită
- 1 ceapă, feliată
- 2 morcovi, tăiați cubulețe
- 2 tulpini de telina, taiate cubulete
- 2 catei de usturoi, tocati
- 2 căni de vin roșu
- 1 cană bulion de vită
- 2 linguri pasta de rosii
- Rozmarin proaspăt și cimbru
- Ulei de masline
- Sare si piper dupa gust

INSTRUCȚIUNI:

a) Preîncălziți cuptorul la 160°C (325°F).

b) Asezonați friptura de vită cu sare și piper.

c) Într-un cuptor olandez, rumeniți friptura în ulei de măsline pe toate părțile.

d) Adăugați ceapa, morcovii, țelina și usturoiul. Se caleste pana se inmoaie legumele.

e) Se amestecă pasta de roșii și se fierbe câteva minute.

f) Se toarnă vin roșu și bulion de vită. Adăugați ierburi proaspete.

g) Acoperiți și transferați vasul la cuptor. Gatiti 2-3 ore sau pana cand carnea este frageda.

h) Serviți felii de friptură cu legume și sucuri din tigaie.

25.Friptură roșie cu cartofi și măsline

INGREDIENTE:

- 4 cartofi mari de copt, decojiti si taiati felii subtiri
- 6 linguri de ulei de măsline extravirgin
- 1 lingura de rozmarin proaspat, tocat
- 1 lingurita de sare
- 1 lingurita de piper negru proaspat macinat
- 15 roșii cherry, tăiate la jumătate
- 1 cană de măsline Gaeta sau Kalamata, fără sâmburi
- 1 roșu roșu mare sau biban negru întreg, curățat și soltar
- 1/2 cană de pătrunjel italian proaspăt, tocat
- 3 crengute de cimbru
- 1 și 1/2 cană de vin alb sec

INSTRUCȚIUNI:

a) Preîncălziți cuptorul la 400 de grade.

b) Într-un castron mare, amestecați cartofii, 3 linguri de ulei de măsline și rozmarinul.

c) Condimentam cartofii cu sare si piper

d) Puneți amestecul de cartofi într-o tavă de copt.

e) Adaugam rosiile si maslinele si mai stropeste putin ulei deasupra.

f) Se condimentează peștele cu sare și piper.

g) Umplem pestele cu patrunjel si cimbru.

h) Peste cartofi asezati pestele si frecati blatul cu uleiul de masline ramas.

i) Turnați vinul alb în jurul peștelui.

j) Acoperiți cuptorul cu folie de aluminiu și coaceți timp de 50 de minute.

k) Scoateți folia, ungeți peștele și prăjiți peștele cu aproximativ 20 de minute mai mult.

l) Puneți peștele pe o masă de tăiat.

m) Plasați amestecul de cartofi pe un platou mare.

n) Fileați pestele și puneți peste cartofi, roșii și măsline.

o) Stropiți sucul din tigaie deasupra și serviți.

RISOTTO

26.Risotto al Tartufo Nero (Risotto cu trufe negre)

INGREDIENTE:

- 2 căni de orez Arborio
- 1/2 cană vin alb sec
- 1 ceapa mica, tocata marunt
- 2 catei de usturoi, tocati
- 1/4 cană pastă de trufe negre sau ulei
- 4 cesti supa de pui sau legume
- Parmezan ras
- Arpagic proaspăt, tocat pentru decor
- Sare si piper dupa gust

INSTRUCȚIUNI:

a) Se caleste ceapa si usturoiul in pasta de trufe sau ulei pana se inmoaie.
b) Adăugați orezul și gătiți câteva minute.
c) Se toarnă vinul și se fierbe până se evaporă.
d) Adăugați treptat bulionul fierbinte, amestecând des până când orezul devine cremos și fiert.
e) Asezonați cu sare și piper.
f) Se amestecă parmezan ras și se ornează cu arpagic proaspăt.
g) Serviți imediat.

27.Risotto cu mazăre și șuncă

INGREDIENTE:

- jaret de sunca neafumat 1kg
- morcov, ceapa si baton de telina cate 1 tocat
- buchet garni 1
- boabe de piper negru 1 lingurita

RISOTTO

- pătrunjel cu frunze plate o grămadă mică, frunze și tulpini tăiate
- unt 2 linguri
- ulei de masline 2 linguri
- ceapa 1 mare, taiata cubulete
- usturoi 2 catei, zdrobiti
- orez risotto 300 g
- vin alb 150 ml
- mazare congelata 400g
- parmezan 50g, ras

INSTRUCȚIUNI:

a) Spălați jaretul și puneți-l într-o tigaie mare cu bulionul rămas, precum și tulpinile de pătrunjel din risotto.

b) Se acopera cu apa tocmai fiarta si se fierbe, acoperit, timp de 3-4 ore, degresand orice impuritati care ies la suprafata si completand daca este nevoie, pana cand carnea se desprinde de os. Scoateți jaretul din lichid și răciți ușor.

c) Se strecoară și se gustă bulionul (ar trebui să fie 1,5 litri) – trebuie să fie destul de sărat, cu multă aromă. Se toarnă într-o tigaie la foc mic.

d) Încinge 1 lingură de unt și ulei într-o tigaie adâncă la foc mediu. Prăjiți ceapa timp de 10 minute până se înmoaie. Se amestecă usturoiul, se prăjește 1 minut apoi se adaugă orezul și se fierbe 2-3 minute pentru a prăji orezul.

e) Se toarnă vinul și se face bule până aproape dispare, apoi se adaugă bulionul, câte o oală, amestecând regulat timp de 20-25 de minute sau până când orezul este fraged și cremos.

f) Scoateți pielea de pe jaret de șuncă, tăiați carnea și aruncați oasele.

g) Se amestecă cea mai mare parte din șuncă și toată mazărea în risotto. Se amestecă până când mazărea este fragedă. Se ia de pe foc, se adauga parmezanul si untul ramas, se acopera si se odihnesc 10 minute.

h) Se presara cu sunca ramasa, un strop de ulei si patrunjelul.

28.H am și risotto cu sparanghel de primăvară

INGREDIENTE:

- jaret de șuncă afumată 1, înmuiat peste noapte dacă este necesar
- morcov 1
- unt nesarat 100g, taiat cubulete
- 3 cepe medii, 2 taiate marunt
- usturoi 2 catei
- cimbru o crenguță, tocată mărunt
- orez risotto 200 g
- orz perlat 200g
- mazare 150g
- fasole 150g, păstaie dublă dacă doriți
- sulițe de sparanghel 6, tăiate în unghi
- ceapa primavara 4, taiata in unghi
- fasole verde 20, tăiată în lungimi scurte
- mascarpone 100 g
- parmezan 85g, ras

INSTRUCȚIUNI:

a) Puneți jaretul de șuncă într-o oală plină cu apă curată, rece, cu morcovul și ceapa tăiată în jumătate.

b) Aduceți la fiert și gătiți timp de 2 ore și jumătate, degresând suprafața din când în când. Completați tigaia cu apă dacă este necesar.

c) Topiți untul într-o tigaie groasă și adăugați ceapa, usturoiul și cimbrul. Gatiti pana se inmoaie, dar nu se coloreaza.

d) Adăugați orezul și orzul perlat și gătiți timp de câteva minute până când sunt acoperite cu unt. Adăugați treptat bulionul din șuncă și legume, amestecând peste tot.

e) După aproximativ 15-20 de minute de amestecare și fierbere, vei fi folosit aproape tot bulionul. Gustă-ți risotto-ul și dacă ești mulțumit de textură, scoate risotto-ul de pe aragaz, dar ține-l aproape.

f) Fierbeți o cratiță cu apă și puneți la fiert toate legumele verzi, cu excepția cepei primare, timp de 30 de secunde. Scurgeți și turnați în risotto.

g) Pune risotto-ul înapoi la foc moderat și amestecă legumele, ceapa primăvară și șunca și lasă totul să se încălzească și asezonează. Se amestecă mascarpone și parmezanul ras și se servește.

29. Risotto al Nero di Seppia (Risotto cu cerneală de sepie)

INGREDIENTE:

- 2 căni de orez Arborio
- 1/2 cană vin alb sec
- 1 ceapa mica, tocata marunt
- 2 catei de usturoi, tocati
- 500 g sepie sau calamar, curatate si feliate
- 2 linguri de cerneală de sepie
- 4 căni de fructe de mare sau bulion de legume
- Sare si piper dupa gust
- Pătrunjel proaspăt, tocat pentru decor
- Parmezan ras (optional)

INSTRUCŢIUNI:

a) Într-o tigaie, căliţi ceapa şi usturoiul în ulei de măsline până devin translucide.

b) Adăugaţi orezul şi gătiţi câteva minute.

c) Se toarnă vinul şi se fierbe până se evaporă.

d) Adăugaţi sepia şi gătiţi scurt.

e) Se dizolvă cerneala de sepie într-o oală de bulion fierbinte şi se adaugă la orez.

f) Adăugaţi treptat bulionul rămas, amestecând des până când orezul devine cremos şi fiert.

g) Se condimenteaza cu sare si piper, se orneaza cu patrunjel si se serveste cu parmezan daca se doreste.

30.Risotto cu slănină și roșii

INGREDIENTE:

- ulei pentru prajit
- ceapa 1, tocata marunt
- usturoi 1 cățel, zdrobit
- slănină 4 bucăți de spate, tocate mărunt
- orez risotto sau carnaroli sau arborio 200g
- bulion de pui proaspăt, preparat până la 1 litru
- roșii cherry 12, scoateți tulpinile dacă preferați

INSTRUCȚIUNI:

a) Se incinge putin ulei intr-o tigaie larga si se caleste ceapa usor cateva minute pana se inmoaie, se adauga usturoiul si jumatate din bacon si se prajesc totul impreuna.

b) Se adaugă orezul și se amestecă bine, apoi se adaugă bulionul câte câteva oale odată, amestecând fiecare lot până când se absoarbe complet și risotto-ul este cremos, dar încă mai păstrează puțin (s-ar putea să nu fie nevoie să folosești tot bulionul).).

c) Intre timp se incinge o alta tigaie cu putin ulei si se caleste baconul ramas cu rosiile la foc iute pana se rumeneste. Se pune peste risotto pentru a servi.

31.Pancetta Risotto cu Radicchio

INGREDIENTE:
- unt 25g
- ulei de masline 2 linguri
- 4 eșalote, tăiate mărunt
- panceta afumata 75g, taiata cubulete
- radicchio 1, aproximativ 225g
- orez risotto 225g
- supa de pui 500-600ml
- pancetta 4-6 felii, feliate subțiri
- creme fraiche cu grăsime 2 linguri
- parmezan 25-50g, ras fin

INSTRUCȚIUNI:

a) Topiți untul și uleiul de măsline într-o tavă mică. Adăugați eșalota și prăjiți ușor până se înmoaie. Adăugați pancetta tăiată cubulețe și continuați să gătiți, amestecând, până când devine aproape crocantă. Între timp, tăiați jumătatea de sus de pe radicchio și mărunțiți. Tăiați jumătatea inferioară în felii subțiri, tăind rădăcina, dar lăsând suficient din ea în urmă pentru a ține felii împreună.

b) Adăugați orezul în tigaie, amestecați puternic timp de un minut sau două, apoi adăugați radicchio mărunțit și un plin de bulion. Gatiti la foc mic, amestecand din cand in cand, adaugand mai mult bulion pe masura ce se absoarbe.

c) Între timp, încălziți o tigaie din fontă și gătiți feliile de radicchio pe ambele părți, astfel încât să fie ușor carbonizate. Scoateți și lăsați deoparte.

d) Încinge o tigaie și prăjește feliile de pancetta până când grăsimea devine aurie. Scoateți din tigaie și lăsați deoparte – vor deveni crocante.

e) Când orezul este aproape fiert, dar mai are o mușcătură bună (aproximativ 20 de minute), verificați condimentele, opriți focul, adăugați crème fraîche și untul suplimentar, amestecați bine, puneți capacul pe caserolă și lăsați timp de 5 minute. . Chiar înainte de servire, adăugați felii de radicchio la grătar.

f) Acoperiți fiecare farfurie cu pancetta crocantă și parmezan.

32.Risotto cu dovleac

INGREDIENTE:

- 75 g (3 oz) Pancetta tăiată gros sau slănină afumată de calitate superioară, tăiată cubulețe
- 1 ceapa de marime medie, tocata
- 500 g (1 lb 2 oz) dovleac portocaliu copt sau dovleac, decojit, fără semințe și tocat
- sare de mare și piper negru proaspăt măcinat
- 400 g (14 oz), de preferință orez Carnaroli
- 1,2 litri (2 halbe) aproximativ supa de legume sau de pui, ținută la fiert
- o mână de pătrunjel proaspăt tocat mărunt
- 1 lingurita suc de lamaie sau otet de vin alb
- 2 linguri de unt nesarat
- 3 linguri pline de brânză Grana Padano proaspăt rasă

INSTRUCȚIUNI:

a) Pancetta se prăjește ușor într-o oală mare cu fundul greu până când se scurge grăsimea, apoi se adaugă ceapa și se prăjește până se înmoaie.

b) Adăugați dovleacul și gătiți ușor cu ceapa și Pancetta până se înmoaie și devine moale.

c) Adăugați orezul și prăjiți-l cu grijă pe toate părțile, apoi începeți să adăugați bulion, amestecați și lăsați orezul să absoarbă lichidul, adăugați mai mult bulion, asezonați după gust, iar când orezul a absorbit lichidul, adăugați mai mult.

d) Continuați în acest fel până când orezul este fraged și toate boabele sunt plinuțe și gătite.

e) Se adauga patrunjelul, sucul de lamaie sau otetul, untul si Grana Padano, se ia de pe foc si se acopera.

f) Se lasă să stea trei minute, apoi se amestecă din nou și se transferă pe un platou încălzit. Serviți deodată.

33.F ilet de risotto cu carne de vită și praz

INGREDIENTE:

- 2 8 oz file de vită
- 50 de grame Orez Arborio
- 100 de grame Patrunjel proaspat
- ½ mic Praz
- 2 uncii Budincă neagră
- 40 de grame Brânză wedmore afumată
- 20 de grame Pătrunjel
- 1 File de hamsii la conserva
- 1 lingura Nuci de pin; prăjită
- 2 Caţei de usturoi; tocat
- ½ Ceapa rosie; tocat
- ½ Sticla de vin roşu
- 500 mililitri Supa proaspătă de vită
- ½ Morcov; tocat marunt
- ½ Ardei roşu; tocat marunt
- 15 grame pătrunjel cu frunze plate
- Oţet balsamic
- Unt
- ulei de masline virgin
- Sare gema şi piper negru proaspăt măcinat

INSTRUCȚIUNI:

a) Mai întâi faceți risottoul prăjind jumătate din ceapă și usturoiul într-o tigaie cu puțin unt și gătiți timp de aproximativ 30 de secunde fără a se colora.

b) Apoi adăugați orezul și gătiți încă 30 de secunde apoi adăugați 250 ml de bulion și aduceți la fiert. Tăiați prazul cubulețe mici și adăugați-l în tigaie și fierbeți timp de aproximativ 13 minute pentru a găti orezul.

c) Pentru a face pesto, care trebuie să fie destul de gros, adăugați într-un blender pătrunjelul, cățelul de usturoi, hamșa, nucile de pin și puțin ulei de măsline și lăsați-o deoparte.

d) Apoi se încălzește o tigaie și se condimentează fileul și se etanșează bine în tigaie condimentând cu puțin ulei. Se deglasează cratita cu vinul roșu și bulionul, se aduce la fierbere și se fierbe ușor timp de 5 minute, apoi se scoate friptura. Dati focul si reduceti pana se ingroasa usor, terminati sosul cu un nod de unt si condimente.

e) Pentru a servi se adauga budinca neagra curatata si taiata cubulete la risotto si branza afumata, patrunjelul plat tocat si asezoneaza bine. Așezați aceasta în mijlocul fiecărei farfurii cu friptura deasupra.

f) Acoperiți cu o lingură de pesto de pătrunjel și serviți cu sosul pe margine și stropiți cu legumele mici tăiate cubulețe.

34.Risotto cu cheddar și ceapă primăvară

INGREDIENTE:

- unt 25g
- ceapa primavara 6, tocata
- orez risotto 150g
- vin alb un strop (opțional)
- supa de legume sau pui 750ml
- Muștar de Dijon ½ linguriță
- cheddar matur 100g, ras

ROSII BALSAMICE

- ulei de masline 1 lingura
- rosii cherry 100g
- otet balsamic un strop
- busuioc un buchet mic, tocat

INSTRUCȚIUNI:

a) Topiți untul într-o tigaie mare, puțin adâncă. Gatiti ceapa primavara timp de 4-5 minute sau pana se inmoaie. Adăugați orezul și gătiți, amestecând, timp de câteva minute. Adăugați vinul, dacă folosiți, și barbotați până se absoarbe.

b) Se amestecă treptat bulionul, câte puțin, așteptând din nou până se absoarbe înainte de a adăuga mai mult. Repetați până când orezul devine cremos, moale și fraged (s-ar putea să nu fie nevoie să folosiți tot bulionul sau poate fi necesar să adăugați o stropire mai mult dacă amestecul este prea gros).

c) Între timp, încălziți uleiul de măsline într-o tigaie mică separată la foc mediu-înalt și gătiți roșiile cu multe condimente până când încep să spargă.

d) Se amestecă muștarul și brânza în risotto și se condimentează cu piper și puțină sare dacă este nevoie. Puneti in boluri calde si acoperiti cu rosiile, un strop de balsamic si putin busuioc.

35.Risotto cu sfeclă roșie

INGREDIENTE:

- unt 50g
- ceapa 1, tocata marunt
- orez risotto 250 g
- vin alb 150 ml
- supa de legume 1 litru, fierbinte
- sfeclă roșie gata gătită pachet 300g
- lamaie 1, cu coaja si zeama
- pătrunjel cu frunze plate o grămadă mică, tocată grosier
- brânză moale de capră 125g
- o mână de nuci, prăjite și tocate

INSTRUCȚIUNI:

a) Topiți untul într-o tigaie adâncă și gătiți ceapa cu niște condimente timp de 10 minute până când se înmoaie. Introduceți orezul și amestecați până când fiecare bob este acoperit, apoi turnați vinul și barbotați timp de 5 minute.

b) Adăugați bulionul pe rând, amestecând, adăugând mai mult doar după ce lotul anterior a fost absorbit.

c) Între timp, luați 1/2 sfeclă roșie și amestecați într-un blender mic până se omogenizează, iar restul se toacă.

d) Odată ce orezul este fiert, amestecați sfecla roșie tocată și tocată, coaja și sucul de lămâie și cea mai mare parte din pătrunjel. Împărțiți în farfurii și acoperiți cu un fărâmițat de brânză de capră, nucile și pătrunjelul rămas.

36.Risotto cu dovlecei

INGREDIENTE:

- supa de legume sau pui 900ml
- unt 30g
- dovlecei pui 200g (aproximativ 5-6), feliați gros pe diagonală
- ulei de masline 2 linguri
- salota 1 lunga sau 2 rotunde, tocata marunt
- usturoi 1 cățel, zdrobit
- orez risotto 150g
- vin alb sec un pahar mic
- mentă o mână de frunze, tocate
- ½ lămâie, cu coajă și zeamă
- parmezan (sau alternativă vegetariană) 30g, ras fin, plus plus pentru servire

INSTRUCȚIUNI:

a) Păstrați bulionul într-o tigaie la foc mic.

b) Topiți jumătate din unt într-o tigaie adâncă și largă. Prăjiți dovleceii cu niște condimente pe ambele părți până devin ușor aurii. Scoateți și scurgeți pe hârtie de bucătărie. Ștergeți tigaia.

c) Încălziți 2 linguri de ulei de măsline în aceeași tigaie, apoi gătiți ușor șalota și usturoiul timp de 6-8 minute sau până când începe să se înmoaie. Se amestecă orezul și se încălzește timp de un minut.

d) Se toarnă vinul și se face bule, amestecând până se evaporă. Adăugați bulionul câte o oală, lăsând lichidul să fie absorbit înainte de a adăuga mai mult. Continuați să adăugați bulion până când orezul este fraged, cu puțină mușcătură rămasă.

e) Se amestecă dovleceii și se lasă să se încălzească un minut. Adăugați menta și amestecați în orez cu sucul și coaja de lămâie, parmezanul, untul rămas și un ultim plin de bulion. Risotto-ul ar trebui să fie cremos și moale, mai degrabă atât de tare, așa că adăugați bulion suplimentar în consecință.

f) Puneți un capac și lăsați să stea câteva minute, apoi serviți în boluri calde cu brânză suplimentară, dacă doriți.

37.Risotto de fenicul cu fistic

INGREDIENTE S :

- 2 căni Bulion de pui, combinat cu
- 1 cană apă
- 1 lingura Unt sau margarina
- 2 linguri Ulei de masline
- 1 cană Ceapa tocata marunt
- 1 mediu Bulb de fenicul
- 1 mediu Ardei gras rosu, tocat
- 2 medii Cați de usturoi, tocați
- 1½ cană Orez Arborio
- ⅓ cană Fistic decojit, tocat
- Piper negru proaspăt măcinat
- ¼ cană Parmezan ras

INSTRUCȚIUNI:

a) Se încălzește combinația de bulion-apă la foc mediu-mic. Păstrați cald.

b) Într-o tigaie mare, de preferință antiaderentă, sau o oală mare, încălziți untul și uleiul la foc mediu până se încinge. Se adauga ceapa, feniculul si ardeiul rosu; se caleste 5 minute. Adăugați usturoiul și prăjiți încă un minut.

c) Se amestecă orezul și se fierbe, amestecând 2 minute. Începeți încet să adăugați lichidul, aproximativ câte o oală. Gatiti, acoperit, la foc mediu-mic, 10 minute, amestecand din cand in cand.

d) Adăugați lichidul încet și amestecați des. Așteptați până când lichidul a fost absorbit de fiecare dată înainte de a adăuga următoarea oală. Repetați procesul de gătit, acoperit, timp de 10 minute.

e) Descoperiți și continuați să adăugați lichidul și să amestecați des. Risotto ar trebui să se gătească aproximativ 30 de minute. Risotto-ul finit trebuie să fie cremos, cu puțină mestecat în centrul orezului.

f) Adăugați fisticul, piperul și parmezanul la risotto-ul final, amestecând până se omogenizează.

38.Risotto de cartofi dulci cu ierburi

INGREDIENTE:

- 1 lingura ulei de masline virgin
- 1 cană Cuburi (1") de cartofi dulci
- 1 cană Orez Arborio
- ½ cană Ceapa tocata
- 1 lingura Salvie proaspătă tocată
- 1 lingurita Coaja de portocală rasă
- ⅛ linguriță Nucșoară măcinată
- 2 căni Supa de pui degresată
- ¼ cană Suc de portocale
- Sare si piper negru
- 1 lingura Parmezan ras
- 2 linguri Pătrunjel italian proaspăt tocat

INSTRUCȚIUNI:

a) Într-un castron mare, sigur pentru cuptorul cu microunde, puneți uleiul la microunde timp de 1 minut la maxim.

b) Se amestecă cartofii dulci, orezul, ceapa, salvie, coaja de portocală și nucșoară.

c) Cuptor cu microunde, descoperit timp de 1 minut. Se amestecă 1½ cană de bulion.

d) Puneți la microunde timp de 10 minute, amestecând o dată la jumătatea gătitului.

e) Se amestecă ½ cană de stoc rămasă și sucul de portocale. Puneți la microunde timp de 15 minute, amestecând o dată la jumătatea gătitului.

f) Se adauga sare si piper dupa gust. Se presara cu parmezan si patrunjel.

39.R isotto cu ciuperci

INGREDIENTE:

- 4½ cană Stoc de legume; sau bulion infuzat cu miso, savuros
- 1 lingura Ulei de măsline extra virgin
- ½ cană orez rose-sushi
- ½ cană Dragul
- Sare cușer
- Piper negru proaspăt măcinat
- ½ cană Ciuperci Enoki
- ½ cană Ceai verde tocat
- ¼ cană Germeni de ridichi

INSTRUCȚIUNI:

a) Dacă utilizați bulionul infuzat cu miso, combinați 1 lingură de miso cu 4½ căni de apă și aduceți la fierbere. Reduceți focul și fierbeți.

b) Într-o cratiță mare, încălziți uleiul de măsline la foc mediu-mare. Adăugați orezul, amestecând constant într-o singură direcție, până se îmbracă bine. Luați tigaia de pe foc și adăugați sake-ul.

c) Reveniți la foc și amestecați constant într-o direcție până când tot lichidul este absorbit. Adăugați bulionul sau bulionul în trepte de ½ cană, amestecând constant până când tot lichidul este absorbit cu fiecare adăugare.

d) Asezonați cu sare și piper. Se pune în boluri de servire, se ornează cu ciuperci, ceai verde și varză și se servește.

e) Ornează cu ciuperci enoki delicate, ceapă tocată și muguri de ridiche picante.

40.Risotto de afine cu boletus

INGREDIENTE:

- 8¾ uncie boletus proaspăt , feliat
- 1 mic Ceapă; tocat mărunt
- ¾ uncie Unt
- 5 uncii Orez risotto; neşlefuit
- 5½ uncie Afine
- ¼ cană Vin alb; uscat
- 1¾ cană Bouillon
- ¼ cană Ulei de masline
- 1 crenguţă de cimbru
- 1 Căţel de usturoi; piure
- 2 uncii Unt

INSTRUCŢIUNI:

a) Intr-o cratita se incinge untul si se caleste ceapa. Se amestecă orezul şi afinele, se călesc pentru scurt timp. Se umezeşte cu vin, se fierbe până se absoarbe; se umezeşte cu bulion şi se fierbe până se înmoaie. Amestecaţi continuu, dacă este necesar adăugaţi nişte bulion. Asezonaţi cu sare şi piper.

b) Intr-o tigaie se incinge uleiul, se calesc ciupercile, usturoiul si cimbru. Se amestecă untul în risotto. Se transferă în farfurii calde şi se decorează cu ciuperci.

41.Risotto cu sparanghel și ciuperci

INGREDIENTE:

- Ulei de măsline sau de salată
- 1½ kilograme Sparanghel, capetele dure tăiate și sulițele tăiate în bucăți de 1 1/2 inch
- 2 medii Morcovi, felii subțiri
- ¼ de kilograme Ciuperci Shiitake, tulpinile îndepărtate și capacele tăiate felii de 1/4 inch grosime
- 1 mediu Ceapa, tocata
- 1 mediu Ardei roșu, tăiat în fâșii subțiri de chibrit de 1 inch lungime
- 2 pachete (5,7 oz) amestec de risotto cu aromă de primavera SAU cu aromă de ciuperci
- Crengute de patrunjel pentru garnitura
- Parmezan ras (opt)

INSTRUCȚIUNI:

a) Într-o cratiță de 4 litri la foc mediu-mare, în 1 l ulei de măsline sau de salată fierbinte, gătiți sparanghelul până când devin aurii și fraged-crocanți. Cu o lingură cu fantă, scoateți sparanghelul într-un castron.

b) În uleiul rămas în cratiță și uleiul de măsline fierbinte suplimentar sau de salată, gătiți morcovii, ciupercile și ceapa până când legumele sunt crocantă și care începe să se rumenească. Adăugați ardei roșu; gătiți, amestecând, 1 minut.

c) Se adaugă amestecul de risotto și 4 C apă, la foc mare, se încălzește până la fierbere.

d) Reduceți căldura la minim; acoperiți și fierbeți 20 de minute. Scoateți cratita de pe foc. Se amestecă sparanghelul; acoperiți și lăsați să stea 5 minute pentru a permite orezului să absoarbă lichidul.

e) Pentru a servi, pune risotto cu lingura pe platou. Se ornează cu crenguțe de pătrunjel.

f) Serviți cu parmezan ras, dacă doriți.

42.Risotto de spelta cu ciuperci

INGREDIENTE:

- ciuperci porcini uscate 20g
- ulei vegetal 2 linguri
- ciuperci castane 250g, feliate
- ceapa 1, tocata marunt
- usturoi 2 catei, tocati marunt
- spelta perlata 250g
- vin alb un pahar (optional)
- supa de legume 500ml, fierbinte
- brânză moale 2 linguri
- Brânză tare italiană 25g, rasă fin, plus plus pentru servire
- pătrunjel cu frunze plate un buchet mic, frunze rupte
- lamaie 1, cu coaja si un strop de zeama

INSTRUCȚIUNI:

a) Puneți porcinile uscate într-un castron mic și turnați peste 250 ml de apă tocmai fiartă.

b) Se încălzește 1 lingură de ulei vegetal într-o tigaie mare la foc mare și se adaugă ciupercile de castan. Gatiti 5-10 minute sau pana cand toata umezeala s-a evaporat si sunt caramelizate.

c) Reduceți focul și adăugați uleiul rămas, ceapa, usturoiul și puțin condimente și gătiți ușor timp de 5 minute până când se înmoaie.

d) Se adaugă spelta și se amestecă până se îmbracă complet în ulei. Se toarnă vinul, dacă se folosește, și se fierbe până scade cu 1/2.

e) Scurgeți porcinii, păstrând lichidul, tocați și amestecați în risotto. Adăugați lichidul de porcini în bulion și amestecați în risotto câte o oală. Gatiti timp de 25 de minute sau pana cand spelta este frageda.

f) Se amestecă prin brânzeturile moi și tari, urmate de pătrunjel.

g) Pentru a servi, împărțiți în boluri, stoarceți puțin suc de lămâie, împrăștiați peste coaja de lămâie și brânză suplimentară, dacă doriți.

43.Risotto cu midii

INGREDIENTE:

- 1,2 kg (2 lbs) midii proaspete, vii, curățate și curățate temeinic
- 6 linguri ulei de măsline extravirgin
- 2 catei de usturoi, curatati de coaja si tocati marunt
- 600 g roșii coapte, squashy,
- 350g (l2oz) de preferință orez Arborio
- 1,2 litri (2 halbe) supa de pește
- o mână de pătrunjel proaspăt și plat
- sare de mare și piper negru proaspăt măcinat
- 25 g (1 oz) unt nesarat

INSTRUCȚIUNI:

a) Pune toate midiile curate într-o tigaie lată și puțin adâncă. Pune un capac pe tigaie și pune tigaia la foc mediu spre mare.

b) Agitați tigaia la foc, încurajând toate midiile să se deschidă.

c) După aproximativ 8 minute, toate cele care urmează să se deschidă se vor fi deschise. Scoateți scoicile pe măsură ce se deschid.

d) Scoateți scoicile din coji și aruncați toate, cu excepția celor mai frumoase coji, pe care le puteți păstra pentru decor.

e) Se strecoară lichidul din scoici printr-o sită foarte fină și se lasă deoparte. Aruncați toate cojile nedeschise și cojile goale pe care nu le doriți.

f) În continuare, prăjiți usturoiul și uleiul împreună până când usturoiul devine blond, apoi adăugați tot orezul.

g) Amestecați bine până când orezul se încinge și este bine acoperit cu ulei și usturoi. Acum adăugați lichidul din scoici și roșii.

h) Amestecați până când orezul a absorbit lichidul, apoi începeți să adăugați treptat supa de pește fierbinte.

i) Amestecați constant și adăugați mai mult bulion doar când cantitatea anterioară a fost absorbită de orez.

j) Continuați în acest fel până când orezul este fiert trei sferturi, apoi adăugați scoicile fierte și pătrunjelul.

k) Asezonați cu sare și piper și reluați adăugarea de bulion, amestecând și adăugând mai mult bulion odată ce orezul a absorbit bulionul anterior.

l) Când orezul este cremos și catifelat, dar boabele sunt încă ferme în centru, luați risottoul de pe foc și adăugați untul.

m) Se acopera si se lasa sa se odihneasca 2 minute, apoi se transfera pe un platou incalzit, se decoreaza cu cojile salvate si se serveste imediat.

44.Tort C rab și risotto cu ceapă verde

INGREDIENTE:

- 300 mililitri File de merlan
- 2 ouă
- Sare si piper alb macinat
- 1 Ardei iute roşu; însămânțate şi fin
- ; tocat
- ½ lingurita Coriandru
- ½ lingurita Ghimbir de pamant
- Puţină coajă de lămâie rasă fin
- 1 Şalotă; tocat mărunt
- 85 mililitri Crema dubla
- 100 de grame Carne albă de crab
- Făină simplă şi pesmet uscat pt
- ; strat
- 1 lingura Ulei de masline
- 2 şalote; tocat mărunt
- 1 Căţel de usturoi; tocat mărunt
- ½ lingurita cimbru proaspăt; tocat
- 200 de grame Orez risotto
- 400 mililitri Supa fierbinte de legume
- 2 linguri Crema dubla
- 100 de grame Mascarpone
- 4 Ceapa verde; tocat
- 75 de grame Parmezan; răzuit
- 200 de grame roşii prune; jupuite, însămânțate
- 3 şalote; tocat mărunt
- 1 Ardei iute roşu; însămânțate
- 1 Căţel de usturoi; zdrobit
- 4 lingurite Vinaigretă cu muştar
- Ulei vegetal pentru prăjire
- 4 linguri Ulei de ardei iute
- crengute de cervil; a orna

INSTRUCȚIUNI:

a) Pentru prăjiturile de crab, lichidați merlanul cu 1 ou până se omogenizează. Adăugați sare, piper, ardei iute, coriandru, ghimbir, coaja de lămâie și eșalotă, apoi adăugați smântâna și carnea de crab.

b) Împărțiți în patru și formați rondele. Răciți până la fermitate.

c) Rulați în făină, ungeți cu oul rămas, bătut și întindeți pesmet. Ungeți din nou cu făină, ou și pesmet, apoi răciți prăjiturile de crab până sunt gata de gătit.

d) Pentru risotto, se încălzește uleiul într-o tigaie și se prăjește șalota, usturoiul și cimbru până se înmoaie. Adăugați orezul și gătiți 2-3 minute, apoi turnați bulionul fierbinte.

e) Se fierbe timp de 10-15 minute, amestecând des, până când orezul este fraged, dar mai are puțină mușcătură.

f) Cand este gata de servire, se adauga crema si se reincalzeste. Adăugați mascarpone, ceapa primăvară și parmezan și verificați condimentele.

g) Pentru salsa, amestecați toate ingredientele și răciți.

h) Pentru a servi, prăjiți prăjiturile de crab în ulei încins până devin aurii. Scurgeți pe hârtie de bucătărie. Puneți risotto fierbinte în centrul a patru feluri de servire și puneți peste fiecare o prăjitură de crab. Puneți puțină salsa pe fiecare prăjitură de crab și stropiți cu ulei de chilli în jurul risottoului. Se ornează cu crenguțe de cervil.

45.cu creveți și cicely dulce

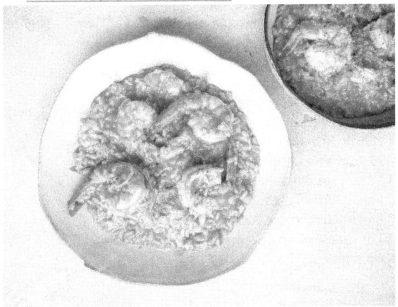

INGREDIENTE:

- 550 de grame Creveți cruzi din față
- 1¼ litru Supra de legume sau pui
- 85 de grame Unt nesarat
- 2 șalote; tocat
- 2 Catei de usturoi; tocat
- 300 de grame Orez risotto
- 1 mic Spri g rozmarin; 4 cm lungime
- 1 frunza de dafin
- 250 de grame Roșii coapte , tocate
- 1 Vin alb sec din pahar generos
- 2 linguri Pătrunjel tocat
- 3 linguri Cicely dulce tocat
- 30 de grame Branza parmezan; proaspăt ras
- Sare si piper

INSTRUCȚIUNI:

a) Curățați creveții, păstrând pulpa. Încălziți 15 g de unt într-o tigaie suficient de mare pentru a avea spațiu liber.

b) Când face spumă, adăugați cojile și capetele de creveți și amestecați până când devin un roz de crustacee destul de roz. Adăugați bulionul și 600 ml/1 litru de apă și fierbeți. Se fierbe timp de 30 de minute pentru a scoate aroma de creveți și a se strecura.

c) Pentru creveți: Dacă puteți vedea o linie neagră care curge pe spate, faceți o fante cu vârful unui cuțit ascuțit pe spate și îndepărtați intestinul fin și negru de sub suprafață. Dacă sunt tigru, rege sau un tip de creveți mari, jumătate sau treime fiecare.

d) Fierbeți din nou bulionul dacă este necesar și reduceți căldura la un fir, astfel încât să rămână fierbinte și să nu fiarbă. Topiți 45 g/1 1/2 oz unt rămas într-o tigaie largă.

e) Se prajesc foarte usor salota si usturoiul in unt pana devin translucide, fara sa se rumeneasca. Adăugați rozmarinul, orezul și frunza de dafin în tigaie și amestecați aproximativ un minut până când orezul devine translucid.

f) Se adauga rosiile, patrunjelul si vinul. Asezonați cu sare și mult piper și aduceți la fiert. Amestecați continuu amestecul de orez până când tot lichidul a fost absorbit. Adăugați o plină generoasă de bulion și amestecați până când tot s-a absorbit.

g) Repetați până când orezul este fraged, dar cu o ușoară fermitate, deși cu siguranță nu cretă. Consistența ar trebui să se apropie de ciorbă, deoarece mai au câteva minute.

h) Timpul necesar pentru ca lichidul să fie absorbit și orezul să fie gătit trebuie să fie de aproximativ 20-25 de minute.

i) La final se amestecă creveții și cicely dulce și se fierbe, amestecând încă 2-3 minute, până când creveții au devenit roz. Se amestecă untul rămas și parmezanul, se gustă și se ajustează condimentele, apoi se servește.

46.P esto risotto cu nuci

INGREDIENTE:

- 1½ lingură Ulei vegetal
- ¾ cană Ceapa, tocata
- 1 cană Orez Arborio
- 3 căni Supă de pui cu conținut scăzut de grăsimi
- ¼ cană Pesto aproape fără grăsimi
- ½ cană Nuci
- ¾ cană branza parmezan
- Piper negru proaspăt măcinat

INSTRUCȚIUNI:

a) Încălziți ulei într-un vas de 2 litri, care poate fi utilizat în cuptorul cu microunde, la putere mare, timp de 2 minute.

b) Se amestecă ceapa și se gătește la foc mare pentru 2:30. Se amestecă orezul pentru a se acoperi cu ulei și se fierbe 1:30. Adăugați 2 căni de bulion și gătiți la foc mare timp de 14 minute, amestecând o dată.

c) Adăugați bulionul rămas și pesto și gătiți timp de 12 minute, amestecând o dată. Testați starea de gătit în ultimele minute de gătit.

d) Scoateți din cuptorul cu microunde și adăugați nuca și parmezanul. Serviți imediat.

47.Risotto cu opt ierburi

INGREDIENTE:

- Ulei de măsline extra virgin
- 1 Cățel de usturoi
- 7 uncii Orez antiaderent
- 1 cană vin alb
- 4 roșii decojite; tocat
- Sare
- 1 O bucată de unt
- 4 linguri Parmigiano Reggiano
- 3 linguri Cremă
- 6 Frunze de busuioc
- 4 frunze de salvie
- 1 smoc de patrunjel
- Câteva ace de rozmarin proaspăt
- 1 praf Cimbru
- 1 smoc de arpagic
- 3 Crengute proaspete de marar

INSTRUCȚIUNI:

a) Ierburile se toaca marunt si se prajesc usor intr-o cantitate mica de ulei de masline, cu usuroiul.

b) Intre timp fierbe rosiile tocate in apa cu sare.

c) Se scoate usuroiul si se adauga orezul, se caleste scurt si se adauga o cana de vin alb.

d) Cand lichidul se evapora adaugam rosiile tocate.

e) Adăugați o bucată de unt, parmigiano din belșug și câteva linguri de smântână la sfârșit.

PROSCIUTTO

48.Cupă cu Prosciutto la cuptor

INGREDIENTE:

- 1 lingura ulei de masline
- 12 felii de prosciutto
- 12 ouă mari
- 2 cesti baby spanac
- sare si piper

INSTRUCȚIUNI:

a) Preîncălziți cuptorul la 400 de grade.

b) Ungeți ulei de măsline în fiecare compartiment al formei de brioșe. Puneți câte o felie de prosciutto în fiecare compartiment, apăsând pentru a vă asigura că părțile laterale și de jos sunt complet căptușite (poate fi necesar să rupeți prosciutto-ul în mai multe bucăți pentru a obține mai ușor o formă de ceașcă).

c) Puneți 2-3 frunze de baby spanac în fiecare ceașcă și acoperiți cu un ou. Se presara cu sare si piper dupa gust.

d) Coaceți timp de 12 minute pentru un gălbenuș de ou sau până la 15 minute pentru un gălbenuș mai dur.

49.Wrap pentru mic dejun cu prosciutto și ouă

INGREDIENTE:

- 4 ouă mari
- 4 felii de prosciutto
- ¼ cană brânză cheddar mărunțită
- ½ cană frunze de spanac baby
- Sare si piper dupa gust
- 4 tortilla mari de făină

INSTRUCȚIUNI:

a) Într-un castron, bateți ouăle împreună și condimentați cu sare și piper.

b) Se încălzește o tigaie antiaderentă la foc mediu și se toarnă ouăle bătute.

c) Gătiți ouăle, amestecând din când în când, până când sunt omletă și complet fierte.

d) Întindeți tortilla de făină și împărțiți omletă în mod egal între ele.

e) Acoperiți fiecare tortilla cu o felie de prosciutto, niște brânză cheddar mărunțită și o mână de frunze de spanac.

f) Înfășurați tortilla strâns, împingând părțile laterale pe măsură ce mergeți.

g) Încălziți o tigaie curată la foc mediu și puneți împachetările, cu cusătura în jos, pe tigaie.

h) Gatiti wrapurile cateva minute pe fiecare parte pana se rumenesc usor si branza se topeste.

i) Scoateți din tigaie și serviți fierbinți.

50.Omletă cu prosciutto și brânză

INGREDIENTE:
- 4 ouă mari
- 4 felii de prosciutto, tocate
- ½ cană de brânză mozzarella mărunțită
- ¼ cană busuioc proaspăt tocat
- Sare si piper dupa gust
- 2 linguri ulei de masline

INSTRUCȚIUNI:
a) Intr-un castron batem ouale impreuna si asezonam cu sare si piper.
b) Încinge ulei de măsline într-o tigaie antiaderentă la foc mediu.
c) Turnați ouăle bătute în tigaie și lăsați-le să fiarbă un minut sau două până când marginile încep să se întărească.
d) Presărați prosciutto tocat, brânză mozzarella mărunțită și busuioc tocat peste jumătate din omletă.
e) Îndoiți cealaltă jumătate de omletă peste umplutură și gătiți încă un minut până când brânza se topește.
f) Glisați omleta pe o farfurie și tăiați-o felii.
g) Se serveste fierbinte.

51.Frittata de prosciutto și roșii

INGREDIENTE:

- 8 ouă mari
- 4 felii de prosciutto, tocate
- 1 cană de roșii cherry, tăiate la jumătate
- ½ cană de brânză Gruyere mărunțită
- ¼ cană pătrunjel proaspăt tocat
- Sare si piper dupa gust
- 2 linguri ulei de masline

INSTRUCȚIUNI:

a) Preîncălziți cuptorul la 375°F (190°C).

b) Într-un castron, bateți ouăle împreună și condimentați cu sare și piper.

c) Se încălzește ulei de măsline într-o tigaie care poate fi folosită pentru cuptor, la foc mediu.

d) Adăugați prosciutto și roșiile cherry tocate în tigaie și gătiți câteva minute până când roșiile se înmoaie.

e) Turnați ouăle bătute peste prosciutto și roșii în tigaie.

f) Presărați uniform peste ouă brânza Gruyere mărunțită și pătrunjelul tocat.

g) Transferați tigaia în cuptorul preîncălzit și coaceți aproximativ 15 minute sau până când frittata este întărită și aurie.

h) Scoatem din cuptor si lasam sa se raceasca putin inainte de a taia felii.

i) Se serveste cald sau la temperatura camerei.

52.Pui cu busuioc

INGREDIENTE:
- 4 jumătăți de piept de pui fără piele și dezosat
- ½ cană pesto de busuioc preparat, împărțit
- 4 felii subtiri de prosciutto, sau mai multe daca este nevoie

INSTRUCȚIUNI:
a) Ungeți o tavă de copt cu ulei, apoi setați cuptorul la 400 de grade înainte de a face orice altceva.
b) Acoperiți fiecare bucată de pui cu 2 linguri de pesto apoi acoperiți fiecare cu o bucată de prosciutto.
c) Apoi pune totul în farfurie.
d) Gătiți totul la cuptor timp de 30 de minute până când puiul este complet gata.
e) Bucurati-vă.

53.Prepeliță peste fâșii de legume și șuncă

INGREDIENTE:

- 4 linguri ulei vegetal
- 1 lingurita de ghimbir proaspat tocat
- 3 prepelite, despicate
- Sare si piper
- 4 linguri supă de pui
- 1 dovlecel mediu, tăiat fâșii subțiri
- 1 morcov, răzuit și tăiat fâșii subțiri
- 4 ceai intregi, taiati fasii subtiri
- 2 tulpini mari de broccoli, curatate de coaja si taiate fasii subtiri
- 2 uncii șuncă de țară sau prosciutto, tăiate în fâșii subțiri

INSTRUCȚIUNI:

a) Într-o tigaie mare sau un wok încălzește 2 linguri de ulei cu ghimbir.

b) Rumeniți prepelița pe toate părțile. Sare si pipereaza-le. Adăugați puțin bulion, acoperiți și fierbeți încet la abur timp de 15 minute.

c) Scoateți prepelițele cu sucul lor și păstrați-le la cald.

54.Pizza cu proscuitto si rucola

INGREDIENTE:

- 1 kg aluat de pizza, la temperatura camerei, împărțit
- 2 linguri ulei de masline
- ½ cană sos de roșii
- 1 ½ cană de brânză mozzarella mărunțită (6 uncii)
- 8 felii subțiri de prosciutto
- Câteva pumni mari de rucola

INSTRUCȚIUNI:

a) Dacă aveți o piatră de pizza, puneți-o pe un grătar în mijlocul cuptorului. Încinge cuptorul la 550°F (sau temperatura maximă a cuptorului) timp de cel puțin 30 de minute.

b) Dacă transferați pizza într-o piatră în cuptor, asamblați-o pe o coajă sau o masă de tăiat bine făinată. În caz contrar, asamblați pe suprafața pe care veți găti (hartie de copt, foaie de copt etc.). Lucrând cu câte o bucată de aluat, rulați-o sau întindeți-o într-un cerc de 10 până la 12 inci.

c) Ungeți marginile aluatului cu 1 lingură de ulei de măsline. Întindeți jumătate din sosul de roșii peste restul de aluat.

d) Se presară cu aproximativ ¼ din brânză. Așezați 4 felii de prosciutto, astfel încât acestea să acopere uniform aluatul. Se presară cu încă un ¼ din brânză.

e) Coaceți pizza până când marginile sunt ușor rumenite și brânza este clocotită și rumenită pe pete, aproximativ 6 minute la 550°F.

f) Scoateți din cuptor pe o masă de tăiat, împrăștiați jumătate din rucola deasupra și tăiați și serviți imediat.

g) Repetați cu aluatul și toppingurile rămase.

55.Four Seasons Pizza/Quattro Stagioni

INGREDIENTE:
g) 1 reteta de aluat de baza traditional italian
h) Mozzarella, 6 uncii, feliată
i) Prosciutto, 3 uncii, feliat
j) Ciupercă shiitake, o ceașcă, feliată
k) Măsline, ½ cană, feliate
l) Sos pizza, o jumătate de cană
m) Inimioare de anghinare sferturi, O cană
n) Parmigiana ras, 2 uncii

INSTRUCȚIUNI:
a) Modelați aluatul într-un cerc cu diametrul de 14 inci. Faceți acest lucru ținând marginile și rotind și întinzând cu grijă aluatul.
b) Ungeți aluatul cu sos de pizza.
c) Distribuiți uniform feliile de mozzarella deasupra.
d) Mai târziu, inimioare de anghinare, prosciutto, ciuperci și măsline în patru sferturi din pizza.
e) Presarati parmigiana rasa deasupra.
f) Grill/Coaceți timp de 18 minute.

56.Pui și prosciutto cu varză de Bruxelles

INGREDIENTE:

- 2 kilograme de muschi de pui
- 4 uncii de prosciutto
- 12 uncii varză de Bruxelles
- ½ cană supă de pui
- 1 ½ cană de smântână groasă
- 1 lingurita de usturoi tocat
- 1 lămâie, tăiată în sferturi și fără semințe
- Ghee sau ulei de cocos pentru prăjit

INSTRUCȚIUNI:

a) Preîncălziți cuptorul la 400 de grade F.

b) Tăiați varza de Bruxelles în jumătate și fierbeți timp de 5 minute. Se ia de pe foc si se da deoparte.

c) Într-o tigaie adăugați ½ cană bulion de pui și aduceți la fierbere la foc mediu. După aceea, adăugați smântână groasă, usturoiul tocat și lămâia și lăsați să fiarbă 5-10 minute amestecând frecvent. Se ia de pe foc si se da deoparte.

d) Într-o tigaie separată, încălziți niște ghee și adăugați puiul. Gatiti la foc mediu-mare timp de cateva minute, apoi adaugati prosciutto tocat pana cand puiul este fiert.

e) Într-o caserolă mică (9×9) și stratificați de jos în sus: varză de Bruxelles, pui, prosciutto și sos de cremă de lămâie deasupra.

f) Coaceți în cuptorul preîncălzit timp de 20 de minute. Se serveste fierbinte.

57.Fettuccine cu prosciutto și sparanghel

INGREDIENTE:
- ½ kilograme de sparanghel, în bucăți de 1 inch.
- 2 linguri de unt
- ½ cană ceapă, tocată
- 4 uncii de prosciutto
- 1 lingura de unt
- 1 lingura Faina
- ½ cană smântână
- 1 kilogram Fettuccine
- ½ cană de parmezan proaspăt ras
- Piper proaspăt măcinat

INSTRUCȚIUNI:

a) Gatiti sparanghelul pana se inmoaie; scurgere. Reduceți apa de gătit la ½ cană. Topiți untul într-o tigaie la foc mediu.

b) Adăugați ceapa și gătiți până se parfumează. Se amestecă prosciutto și se călește.

c) Faceți un roux din făină și unt; se adauga apa de sparanghel rezervata si smantana.

d) Bateți și încălziți până se îngroașă sosul.

e) Adăugați sparanghelul și prosciutto și amestecați. Între timp, gătiți pastele.

f) Cand pastele sunt fierte al dente, le scurgem si le amestecam cu sosul, adaugand branza rasa.

g) Se serveste si se adauga piper proaspat ras dupa gust.

58.Fusilli cu prosciutto și mazăre

INGREDIENTE:

- 2 linguri ulei de masline
- 2 linguri de unt
- 1 morcov tocat
- 1 tulpină de țelină tocată
- 1 ceapa mica tocata
- 6 felii subțiri de prosciutto - tocate
- ½ cană de vin alb
- 24 uncii de roșii strecurate
- 1 cană de mazăre
- 1 kilogram de paste fusilli fierte

INSTRUCȚIUNI:

a) Se încălzește uleiul de măsline și untul într-o oală mare pentru sos. Adăugați morcovul tocat, țelina și ceapa. Se călesc, pentru scurt timp, până se înmoaie.

b) Adăugați prosciutto, vinul alb și roșiile strecurate.

c) Gatiti aproximativ 30 de minute la foc mic pentru a combina aromele. Terminați cu mazărea și amestecați pentru a se combina.

d) Se amestecă pastele fierbinți cu sosul. Se ornează cu busuioc proaspăt și parmezan.

59.Fusilli cu shiitake, broccoli rabe și sos prosciutto

INGREDIENTE:

- 1 kg paste Fusilli
- 1 kilogram Broccoli rabe; tăiate și tăiate în bucăți de 1 inch

PENTRU SOS

- ½ cană ulei de măsline
- ½ cană eșalotă tocată
- 1 cățel de usturoi; tocat
- 6 uncii ciuperci Shiitake - (până la 8 oz); tuns, feliat
- 6 uncii Prosciutto sau șuncă similară - (până la 8 oz); tăiați zaruri mici, Sau fâșii
- ½ lingurita Fulgi de ardei rosu iute uscati (la 1 lingurita); sau după gust
- ⅓ cană bulion sau supă de pui
- 2 linguri patrunjel proaspat tocat
- 2 linguri arpagic proaspat tocat
- 2 linguri Tarhon proaspat

GARNITURĂ

- Parmezan proaspăt ras; (optional)
- Rosii uscate la soare; (optional)

INSTRUCȚIUNI:

a) Mai întâi, faceți sosul. Într-o tigaie se încălzește uleiul. Adăugați șalota și gătiți, amestecând timp de 1 minut.

b) Apoi adăugați ciupercile și gătiți, amestecând din când în când, timp de 5 minute, sau până când ciupercile devin ușor aurii.

c) Acum amestecați usturoiul, prosciutto și fulgii de ardei roșu și gătiți timp de 30 de minute, apoi adăugați supa de pui sau bulionul și fierbeți timp de 1 minut.

d) Pentru pastele, aduceți o oală mare cu apă la fierbere completă.

e) Când apa este gata, adăugați pastele. Nu uitați să începeți timpul de gătit când apa revine la fierbere, nu când adăugați pastele.

f) Gătiți pastele conform instrucțiunilor de pe ambalaj, după 6 minute de gătit, adăugați broccoli rabe la pastele de gătit.

g) Scurgeți pastele și broccoli rabe într-o strecurătoare și transferați într-un vas de servire. Acoperiți cu sos, amestecând bine. Ornați dacă doriți.

60.Pappardelle cu prosciutto și mazăre

INGREDIENTE:

- ¼ cană prosciutto tocat
- 1 cană de mazăre
- 1 cană smântână grea
- 1 cană Jumătate și jumătate
- ⅓ cană brânză Asiago rasă
- 1 kg taitei lasagne

INSTRUCȚIUNI:

a) Se încălzește o tigaie mare până se încinge.

b) Adăugați prosciutto tocat și gătiți timp de aproximativ trei minute până când sunt fragezi, dar nu crocanți.

c) Adăugați mazărea și amestecați pentru a o combina. Se toarnă smântâna groasă și jumătate și jumătate. Adăugați brânza Asiago și reduceți focul la mic.

d) Lăsați sosul să fiarbă cinci minute, amestecând des pentru a lăsa brânza să se topească și smântâna să se îngroașe ușor.

e) Asezonați cu piper.

f) Pentru a face pappardelle, luați tăițeii lasagne și tăiați-i fâșii lungi de aproximativ 1 inch lățime.

g) Puneți fâșiile în apă clocotită cu sare și gătiți până se înmoaie.

h) Pentru a servi, amestecați pastele fierte cu sosul de brânză.

61.Salam și Brie Crostini

INGREDIENTE:

- 1 bagheta frantuzeasca, taiata in 4-6 bucati groase
- Ronda de 8 uncii de brânză Brie, feliată subțire
- Pachet de 4 uncii de prosciutto
- ½ cană sos de afine
- ¼ cană ulei de măsline
- Menta proaspata

Glazura balsamică:

- 2 linguri de zahar brun
- ¼ cană de oțet balsamic

INSTRUCȚIUNI:

Glazura balsamică:

a) Intr-o cratita la foc mic, adauga zahar brun si o cana de otet balsamic.
b) Se fierbe până când oțetul s-a îngroșat.
c) Luați glazura de pe foc și lăsați-o să se răcească. Se va ingrosa pe masura ce se va raci.

A ASAMBLA:

d) Ungeți ușor bagheta cu ulei de măsline și prăjiți la cuptor timp de 8 minute.
e) Întindeți brie-ul pe pâine.
f) Adăugați deasupra o linguriță de sos de afine și prosciutto.
g) Acoperiți cu un strop de glazură balsamică urmată de frunze de mentă.
h) Serviți imediat.

62.Proscuitto și Mozarella Bruschetta

INGREDIENTE:

h) ½ cană de roșii tăiate mărunt
i) 3 uncii de mozzarella tocată
j) 3 felii de prosciutto, tocate
k) 1 lingura ulei de masline
l) 1 lingurita busuioc uscat
m) 6 felii mici de paine frantuzeasca

INSTRUCȚIUNI:

a) Preîncălziți friteuza cu aer la 350 de grade F. Puneți feliile de pâine și prăjiți timp de 3 minute. Acoperiți pâinea cu roșii, prosciutto și mozzarella. Presărați busuioc peste mozzarella. Stropiți cu ulei de măsline.

b) Reveniți în friteuza cu aer și gătiți încă 1 minut, cât să devină topit și cald.

63.Mușcături de creveți cu mentă

INGREDIENTE:
- 2 linguri ulei de masline
- 10 uncii de creveți, fierți
- 1 lingura de menta, tocata
- 2 linguri de eritritol
- ⅓ cană mure, măcinate
- 2 lingurițe pudră de curry r
- 11 felii de prosciutto
- ⅓ cană de stoc de legume

INSTRUCȚIUNI:
a) Stropiți cu ulei peste fiecare creveți după ce îl înfășurați în felii de prosciutto.

b) În oala instantanee, combinați murele, curry, menta , bulionul și eritritol, amestecați și gătiți timp de 2 minute la foc mic.

c) Adăugați coșul pentru aburi și creveții împachetați în oală, acoperiți și gătiți timp de 2 minute la maxim.

d) Puneți creveții înfășurați pe o farfurie și stropiți cu sos de mentă înainte de servire.

64.Mușcătură de pere, ridichi și prosciutto

INGREDIENTE:

- 8 uncii de brânză moale de capră
- 6 uncii de prosciutto, tăiat în fâşii
- Pachet de 2 uncii de microgreens de ridiche
- ¼ cană suc de lămâie proaspăt stors
- 2 pere, feliate

INSTRUCŢIUNI:

a) Stropiţi cu suc de lămâie peste fiecare felie de peră.

b) Pe o jumătate de felie de pere, întindeţi ¼ de linguriţă de brânză moale de capră, apoi alternaţi ingredientele cu cealaltă jumătate.

c) Întindeţi încă ¼ de linguriţă de brânză moale de capră deasupra feliei de pere de sus, urmată de o fâşie de prosciutto împăturită şi o picătură de brânză de capră moale, apoi microverde de ridichi.

d) Asamblaţi feliile de pere rămase şi serviţi cu mai multe microgreens de ridichi deasupra.

65.Cana cu prosciutto pentru briose

INGREDIENTE:

- 1 felie de prosciutto (aproximativ ½ uncie)
- 1 galbenus mediu de ou
- 3 linguri de Brie tăiat cubulețe
- 2 linguri de brânză mozzarella tăiată cubulețe
- 3 linguri de parmezan ras

INSTRUCȚIUNI:

a) Preîncălziți cuptorul la 350°F. Scoateți o formă de brioșe cu godeuri de aproximativ 2½" lățime și 1½" adâncime.

b) Îndoiți felia de prosciutto în jumătate, astfel încât să devină aproape pătrată. Așezați-o bine într-o tavă de brioșe pentru a o căptuși complet.

c) Puneți gălbenușul de ou într-o cană de prosciutto.

d) Adăugați brânză deasupra gălbenușului de ou ușor, fără a-l rupe.

e) Coaceți aproximativ 12 minute până când gălbenușul este fiert și cald, dar încă curge.

f) Lasati sa se raceasca 10 minute inainte de a le scoate din tava de briose.

66.Biluțe de prosciutto cu avocado

INGREDIENTE:
- ½ cană nuci de macadamia
- ½ avocado mare decojit și fără sâmburi (aproximativ 4 uncii pulpă)
- 1 uncie prosciutto gătit, mărunțit
- ¼ lingurita piper negru

INSTRUCȚIUNI:
a) Într-un robot de bucătărie mic, presează nucile de macadamia până se sfărâmă uniform. Împărțiți în jumătate.
b) Într-un castron mic, combinați avocado, jumătate din nucile de macadamia, prăjiturile de prosciutto și piperul și amestecați bine cu o furculiță.
c) Formați amestecul în 6 bile.
d) Puneți restul de nuci de macadamia mărunțite pe o farfurie medie și rulați bilele individuale pentru a se acoperi uniform.
e) Serviți imediat.

DULCIURI SI DESERTURI

67.Gubana (produse de patiserie dulce)

INGREDIENTE:

- 500g faina
- 200 g unt nesarat
- 100 g zahăr
- 3 oua
- 1 cană lapte
- 1 cana nuci tocate (nuci si alune)
- 1 cană stafide
- 1/2 cană miere
- Zeste de 1 portocală
- 1 lingurita scortisoara

INSTRUCȚIUNI:

a) Faceți un aluat combinând făina, untul, zahărul, ouăle și laptele.

b) Întindeți aluatul într-un dreptunghi.

c) Amestecați nucile, stafidele, mierea, coaja de portocală și scorțișoara.

d) Întindeți umplutura peste aluat, apoi rulați-o.

e) Se pune intr-o tava unsa cu unt si se coace la 180°C (350°F) pentru aproximativ 45 de minute.

f) Lăsați-l să se răcească înainte de a tăia felii.

68.Crostata de mere si ricotta

INGREDIENTE:

- 1 foaie de aluat foietaj
- 1 cană de brânză ricotta
- 2 linguri de zahar
- 2 mere, feliate subțiri
- 1 lingura suc de lamaie
- 1 lingura dulceata de caise (pentru glazura)

INSTRUCȚIUNI:

a) Preîncălziți cuptorul la 200°C (400°F).

b) Se intinde aluatul foietaj si se aseaza pe o tava de copt.

c) Amesteca branza ricotta cu zaharul si intinde-o peste aluat.

d) Se aruncă felii de mere în suc de lămâie și se aranjează deasupra.

e) Îndoiți marginile aluatului peste mere.

f) Coaceți 20-25 de minute sau până devin aurii.

g) Încălziți dulceața de caise și ungeți-o peste mere pentru o glazură.

69.Torta de mere Trentino (Torta di Mele Trentina)

INGREDIENTE:

- 2-3 mere, decojite și tăiate felii
- 2 căni de făină universală
- 1 cană zahăr
- 1/2 cana unt nesarat, topit
- 1/2 cană lapte
- 3 oua
- 1 lingura praf de copt
- Zest de 1 lămâie
- Zahăr pudră pentru pudrat

INSTRUCȚIUNI:

a) Preîncălziți cuptorul la 180°C (350°F). Unge și făină o tavă de tort.

b) Într-un castron, amestecați făina, zahărul, untul topit, laptele, ouăle, praful de copt și coaja de lămâie până se omogenizează.

c) Turnați aluatul în tava pregătită.

d) Aranjați felii de mere deasupra.

e) Coaceți 40-45 de minute sau până când o scobitoare iese curată.

f) Se lasa sa se raceasca, apoi se pudreaza cu zahar pudra inainte de servire.

70.Crema prăjită venețiană

INGREDIENTE:
- 4 ouă mari, separate
- 3/4 cană de zahăr
- 1/2 lingurita extract de vanilie
- 1 și 1/2 cană de făină universală
- Coaja de la 1/2 de lamaie
- 4 cesti de lapte integral, incalzit
- 6 linguri de pesmet neasezonat
- Ulei vegetal pentru prajit

INSTRUCȚIUNI:
a) Într-un castron mare, bate gălbenușurile, zahărul și vanilia timp de 5 minute.

b) Adăugați treptat făina și coaja de lămâie.

c) Adăugați laptele în jeturi subțiri.

d) Puneți amestecul într-o oală de dimensiune medie.

e) Pune focul la foc mediu și amestecă până când amestecul se îngroașă. Nu aduceți la fierbere sau laptele se va coagula.

f) Scoateți oala de pe aragaz și turnați conținutul pe o suprafață de lucru, de preferință marmură.

g) Cu un cuțit, întindeți amestecul sub formă de dreptunghi de aproximativ 1 inch grosime.

h) Lăsați amestecul să se răcească.

i) Tăiați amestecul în diagonale de 2 inci.

j) Intr-un castron de marime medie bate albusul.

k) Pune pesmetul într-un castron separat.

l) Pasti diamantele in albusurile si apoi pesmetul.

m) Încinge uleiul într-o tigaie mare.

n) Prăjiți-le în ulei până se rumenesc pe ambele părți.

o) Serviți cald

71.Panna cotta cu sos de caramel

INGREDIENTE ::

- 1 cană de zahăr
- 1 cană apă; sau mai mult
- 1 cană de apă
- 2 linguri de apă
- 4 lingurite gelatina fara aroma
- 5 cesti smantana pentru frisca
- 1 cană de lapte
- 1 cană zahăr pudră
- 1 boabe de vanilie; despicat pe lungime

INSTRUCȚIUNI:

PENTRU SOS:

a) Combinați 1 cană de zahăr și ½ cană de apă într-o tigaie grea, medie, la foc mic. Se amestecă până se dizolvă zahărul. Măriți căldura și fierbeți fără a amesteca până când siropul devine chihlimbar, ocazional rotind tigaia și ungeți părțile laterale cu pensula umedă de patiserie, aproximativ 8 minute. Scoateți tigaia de pe foc.

b) Adăugați cu grijă ½ cană de apă. Puneți tigaia la foc și aduceți la fierbere, amestecând pentru a dizolva bucățile de caramel, aproximativ 2 minute.

c) Misto.

PENTRU BUDICA:

d) Turnați 2 linguri de apă într-un castron mic. Se presară cu gelatină. Se lasa sa stea pana se inmoaie, aproximativ 10 minute. Amestecați smântâna, laptele și zahărul într-o cratiță mare. Răzuiți semințele din boabele de vanilie; adauga fasole.

e) Aduceți la fiert, amestecând des. Se ia de pe foc. Adăugați amestecul de gelatină și amestecați pentru a se dizolva. Scoateți boabele de vanilie. Transferați amestecul în bol. Pune vasul peste vasul mai mare cu apă cu gheață. Lăsați să stea până se răcește, amestecând din când în când, aproximativ 30 de minute. Împărțiți budinca în mod egal în șase căni de cremă de 10 uncii. Acoperiți și lăsați la frigider peste noapte.

f) Desfaceți budincile pe farfurii. Stropiți cu sos de caramel și serviți.

72.Panna Cotta de ciocolată

INGREDIENTE ::

- 500 ml smântână groasă
- 10 g gelatină
- 70 g ciocolată neagră
- 2 linguri de iaurt
- 3 linguri de zahar
- putina sare

INSTRUCȚIUNI:

a) Într-o cantitate mică de smântână, înmuiați gelatina.

b) Într-o cratiță mică, turnați smântâna rămasă. Aduceți zahărul și iaurtul la fiert, amestecând din când în când, dar nu fierbeți. Scoateți tigaia de pe foc.

c) Se amestecă ciocolata și gelatina până se dizolvă complet.

d) Umpleți formele cu aluat și dați la rece 2-3 ore.

e) Pentru a elibera panna cotta din matriță, treceți-o câteva secunde sub apă fierbinte înainte de a îndepărta desertul.

f) Decoreaza dupa bunul plac si serveste!

73.Crema caramel

INGREDIENTE:

- ½ cană Zahar granulat
- 1 lingurita Apă
- 4 Galbenusuri de ou sau 3 oua intregi
- 2 căni Lapte, opărit
- ½ lingurita Extract de vanilie

INSTRUCȚIUNI:

a) Într-o tigaie mare, combinați 6 linguri de zahăr și 1 cană de apă. Se încălzește la foc mic, scuturând sau răsturnând din când în când cu o lingură de lemn pentru a evita arderea, până când zahărul devine auriu.

b) Turnați siropul de caramel într-un vas de copt puțin adânc (8x8 inci) sau într-o farfurie de plăcintă cât mai curând posibil. Se lasa sa se raceasca pana se intareste.

c) Preîncălziți cuptorul la 325 de grade Fahrenheit.

d) Fie bate galbenusurile, fie ouale intregi impreuna. Se amestecă laptele, extractul de vanilie și zahărul rămas până când se combină complet.

e) Se toarnă deasupra caramelul răcit.

f) Puneți vasul de copt într-o baie de apă fierbinte. Coaceți timp de 1-112 ore, sau până când centrul este setat. Cool, cool, cool.

g) Pentru a servi, răsturnați cu grijă pe un platou de servire.

74.Piersici coapte italiene

INGREDIENTE:

- 6 Piersici coapte
- ⅓ cană Zahăr
- 1 cană Migdale măcinate
- 1 Gălbenuș de ou
- ½ lingurita Extract de migdale
- 4 linguri Unt
- ¼ cană Migdale feliate
- Crema grea , optional

INSTRUCȚIUNI:

a) Preîncălziți cuptorul la 350 de grade Fahrenheit. Piersicile trebuie clătite, tăiate la jumătate și fără sâmburi. Intr-un robot de bucatarie, pasa 2 jumatati de piersici.

b) Într-un vas de amestecat, combinați piureul, zahărul, migdalele măcinate, gălbenușul de ou și extractul de migdale. Pentru a face o pastă netedă, combinați toate ingredientele într-un bol de amestecare.

c) Turnați umplutura peste fiecare jumătate de piersică și puneți jumătățile de piersici umplute într-o tavă de copt unsă cu unt.

d) Presărați migdale feliate și ungeți untul rămas peste piersici înainte de a coace timp de 45 de minute.

e) Se serveste cald sau rece, cu o parte de crema sau inghetata.

75. Tiramisu vas de creme

INGREDIENTE:

- 2 căni de zahăr tos
- 12 gălbenuşuri de ou
- 2 boabe de vanilie, despicate, semintele razuite
- 1,2 L de smântână pură, plus ¼ de cană în plus
- 2 linguri granule de cafea instant
- 50 g unt nesarat, tocat
- 4 biscuiti cu buretele, maruntiti
- 2 linguri Frangelico
- 1 lingura alune tocate marunt
- 400 g mascarpone de bună calitate
- 1 lingurita extract de vanilie
- Pudră de cacao de bună calitate, până la praf

INSTRUCȚIUNI:

a) Preîncălziți cuptorul la 140°C.

b) Bateți într-un castron zahărul și gălbenușurile de ou până când devin palid.

c) Pune păstăile și semințele de vanilie într-o cratiță mare cu smântâna și cafeaua și se aduce la fierbere, amestecând pentru a dizolva cafeaua. Se toarnă încet peste amestecul de ouă, amestecând constant, până se omogenizează.

d) Amestecul de ouă se pune înapoi în tigaia curățată și se pune la foc mediu-mic.

e) Gatiti, amestecand continuu, timp de 6-8 minute sau pana cand se ingroasa si amestecul de oua imbraca spatele lingurii. Împărțiți în opt vase de ¾ de cană rezistente la cuptor și puneți-le într-o tavă mare. Adăugați suficientă apă clocotită pentru a ajunge la jumătatea părților laterale ale cratiței.

f) Acoperiți tava cu folie și puneți cu grijă la cuptor. Coaceți timp de 30 de minute până când se fixează, cu o clătinare ușoară în centru. Se răcește la temperatura camerei, apoi se răcește timp de 2 ore sau până când se fixează.

g) Când este gata de servire, topește untul într-o tigaie timp de 2-3 minute sau până se rumenește cu nucă. Adăugați degetele și gătiți, amestecând, timp de 3-4 minute sau până când sunt prăjite. Adăugați Frangelico și alunele și amestecați pentru a se combina. Misto. Amestecați ușor mascarpone, vanilia și smântâna suplimentară într-un castron.

h) Puneți amestecul de mascarpone deasupra cremelor. Presărați cu pesmet și cacao pentru a servi.

76.Cupcakes cu Tiramisu

INGREDIENTE:
CUPCAKES
- 6 linguri de unt sarat, temperatura camerei
- ¾ cani de zahar
- 2 lingurite extract de vanilie
- 6 linguri smantana
- 3 albusuri
- 1¼ cani de faina universala
- 2 lingurite praf de copt
- 6 linguri lapte
- 2 linguri de apa

Umplutura TIRAMISU
- 2 galbenusuri de ou
- 6 linguri de zahar
- ½ cană brânză mascarpone
- ½ cană smântână grea pentru frișcă
- 2½ linguri de apă caldă
- 1 lingură granule de cafea espresso instant
- ¼ cană Kahlua

INSTRUCȚIUNI:
FĂ CUPCAKAK-urile

a) Preîncălziți cuptorul la 350 de grade și pregătiți o tavă pentru cupcake cu garnituri pentru cupcake.

b) Bate untul și zahărul până la culoare deschisă și pufoasă, aproximativ 2-3 minute.

c) Adaugam extractul de vanilie si smantana si amestecam pana se omogenizeaza bine.

d) Adaugam albusurile in doua reprize, amestecand pana se omogenizeaza bine.

e) Combinați ingredientele uscate într-un alt castron, apoi combinați laptele și apa într-un alt castron.

f) Adăugați jumătate din ingredientele uscate în aluat și amestecați până se omogenizează bine. Adăugați amestecul de lapte și amestecați până se omogenizează bine. Adăugați ingredientele uscate rămase și amestecați până se omogenizează bine.

g) Umpleți garnituri pentru cupcake cam la jumătate. Coaceți 15-17 minute, sau până când o scobitoare introdusă iese cu câteva firimituri.

h) Scoateți cupcakes din cuptor și lăsați să se răcească timp de 2-3 minute, apoi scoateți-le pe un gratar pentru a termina de răcit.

FACEȚI Umplutura și umpleți cupcakes-urile

a) În timp ce cupcakes-urile se răcesc, faceți umplutura. Combinați gălbenușurile de ou și zahărul deasupra unui boiler, peste apă clocotită. Dacă nu aveți o boiler dublă, puteți folosi un vas de amestec din metal pus peste o oală cu apă clocotită în el.

b) Gatiti aproximativ 6-8 minute, cu focul mic, amestecand continuu, sau pana cand amestecul este deschis la culoare si zaharul este dizolvat. Dacă amestecul începe să devină prea gros și să devină galben mai închis, este prea fiert.

c) Cand este gata, batem galbenusurile cu un mixer pana se ingroasa si ingalbenesc putin.

d) Îndoiți brânza mascarpone în gălbenușuri bătute.

e) Adăugați smântână grea pentru frișcă într-un alt bol de mixer și bateți până se formează vârfuri tari, aproximativ 5-7 minute.

f) Îndoiți frișca în amestecul de mascarpone.

g) Într-un alt castron mic, combinați apă caldă, espresso și Kahlua.

h) Odată ce cupcakes-urile s-au răcit, tăiați centrele.

i) Stropiți aproximativ 1 lingură de amestec de espresso peste interiorul găurilor cupcakes-urilor, apoi umpleți găurile cu umplutura de tiramisu.

77.Budincă cu miere

INGREDIENTE:

- ¼ cană Unt nesarat
- 1½ cană Lapte
- 2 mari Ouă; uşor bătută
- 6 felii Pâine albă de ţară; rupt
- ½ cană Clar; miere subţire, plus
- 1 lingura Clar; miere subţire
- ½ cană Apa fierbinte; la care se adauga
- 1 lingura Apa fierbinte
- ¼ de lingurita Scorţişoară măcinată
- ¼ de lingurita Vanilie

INSTRUCŢIUNI:

a) Preîncălziţi cuptorul la 350 de grade şi folosiţi puţin unt pentru a unge un vas de plăcintă de sticlă de 9 inci. Amestecaţi laptele şi ouăle, apoi adăugaţi bucăţile de pâine şi întoarceţi-le pentru a le acoperi uniform.

b) Lăsaţi pâinea la macerat timp de 15 până la 20 de minute, răsturnând-o o dată sau de două ori. Într-o tigaie mare antiaderentă, încălziţi untul rămas la foc mediu.

c) Prăjiţi pâinea înmuiată în unt până devine aurie, aproximativ 2 până la 3 minute pe fiecare parte. Transferaţi pâinea în tava de copt.

d) Într-un castron, combinaţi mierea şi apa fierbinte şi amestecaţi până când amestecul se omogenizează.

e) Se amestecă scorţişoara şi vanilia şi se stropeşte amestecul peste şi în jurul pâinii.

f) Coaceţi aproximativ 30 de minute, sau până când se rumenesc.

78.Semifreddo de miere congelată

INGREDIENTE:

- 8 uncii de smântână groasă
- 1 lingurita extract de vanilie
- ¼ lingurita apa de trandafiri
- 4 ouă mari
- 4 ½ uncii de miere
- ¼ de linguriță plus ⅛ de linguriță de sare kosher
- Topping-uri, cum ar fi fructe tăiate, nuci prăjite, nituri de cacao sau ciocolată ras

INSTRUCȚIUNI:

a) Preîncălziți cuptorul la 350°F. Tapetați o tavă de 9 pe 5 inci cu folie de plastic sau hârtie de pergament.

b) Pentru Semifreddo, în bolul unui mixer cu suport prevăzut cu un accesoriu de tel, bateți smântâna, vanilia și apa de trandafiri până se întăresc.

c) Transferați într-un castron sau farfurie separată, acoperiți și răciți până este gata de utilizare.

d) În bolul unui mixer cu stand, amestecați ouăle, mierea și sarea. Pentru a amesteca, folosiți o spatulă flexibilă pentru a amesteca totul.

e) Într-un lighean de oțel inoxidabil, gătiți, învârtiți și răzuiți în mod regulat cu o spatulă flexibilă, până când se încălzește la 165 ° F, aproximativ 10 minute.

f) Transferați amestecul într-un mixer cu suport echipat cu un accesoriu de tel după ce ajunge la 165°F. Bateți ouăle la mare putere până devin spumoase.

g) Bateți ușor jumătate din frișca pregătită cu mâna.

h) Adăugați ingredientele rămase, bateți rapid, apoi pliați cu o spatulă flexibilă până se omogenizează bine.

i) Răzuiți în tava de pâine pregătită, acoperiți strâns și congelați timp de 8 ore sau până când este suficient de solid pentru a fi feliat sau până când temperatura internă atinge 0°F.

j) Răsturnați semifreddo pe un vas răcit pentru a servi.

79.Zabaglione

INGREDIENTE:

- 4 gălbenușuri de ou
- ¼ cană zahăr
- ½ cană Marsala Dry sau alt vin alb sec
- câteva crengute de mentă proaspătă

INSTRUCȚIUNI:

a) Într-un lighean termorezistent, amestecați gălbenușurile și zahărul până când devin galben pal și lucios. Marsala ar trebui apoi introdusă.

b) Aduceți o oală medie plină cu apă până la fierbere scăzută. Începeți să bateți amestecul de ou/vin în vasul termorezistent deasupra oalei.

c) Continuați să bateți timp de 10 minute cu bătăi electrice (sau un tel) peste apă fierbinte.

d) Utilizați un termometru cu citire instantanee pentru a vă asigura că amestecul atinge 160 ° F în timpul perioadei de gătire.

e) Luați de pe foc și puneți zabaglione peste fructele pregătite, garnisind cu frunze de mentă proaspătă.

f) Zabaglione este la fel de delicios servit deasupra înghețatei sau singur.

80.Affogato

INGREDIENTE:
- 1 lingura de inghetata de vanilie
- 1 shot Espresso
- Un strop de sos de ciocolată, opțional

INSTRUCȚIUNI:
a) Intr-un pahar pune o lingura de inghetata de vanilie si 1 shot de espresso.
b) S ervați!

81.Înghețată cu scorțișoară cu fulgi de ovăz

INGREDIENTE:
- Baza goala pentru inghetata
- 1 cană de ovăz
- 1 lingura scortisoara macinata

INSTRUCȚIUNI:
a) Pregătiți baza goală conform instrucțiunilor.

b) Într-o tigaie mică, la foc mediu, combinați ovăzul și scorțișoara. Prăjiți, amestecând regulat, timp de 10 minute, sau până când se rumenesc și sunt aromați.

c) Pentru a infuza, adăugați scorțișoara prăjită și ovăzul la bază pe măsură ce se desprind de pe aragaz și lăsați să se infuzeze timp de aproximativ 30 de minute. Folosind o strecurătoare plasată peste un castron; strecoare solidele, apăsând pentru a vă asigura că obțineți cât mai multă cremă aromată. S-ar putea să treacă puțină pulpă de fulgi de ovăz, dar e în regulă – este delicioasă! Rezervă solidele din fulgi de ovăz pentru rețeta de fulgi de ovăz!

d) Veți pierde puțin amestec din cauza absorbției, astfel încât Produsele de pe această înghețată vor fi puțin mai puține decât de obicei.

e) Păstrați amestecul în frigider peste noapte. Când sunteți gata să faceți înghețata, amestecați-o din nou cu un blender de imersie până când este omogenă și cremoasă.

f) Se toarnă într-un aparat de înghețată și se congelează conform instrucțiunilor producătorului. Păstrați într-un recipient ermetic și congelați peste noapte.

82.Gelat dublu de ciocolată

INGREDIENTE:

- ½ cană smântână groasă
- 2 cani de lapte
- ¾ cană zahăr
- ¼ lingurita sare
- 7 uncii de ciocolată neagră de înaltă calitate
- 1 lingurita extract de vanilie
- Unt de cocos

INSTRUCȚIUNI:

a) Primul pas se face topind ciocolata, apoi racind-o putin. Puneți laptele, smântâna și untul într-un castron și amestecați-le până se omogenizează bine.

b) Se amestecă zahărul folosind un tel și sare. Continuați să bateți timp de aproximativ 4 minute până când zahărul și sarea se dizolvă. Apoi amestecați extractul de vanilie.

c) La final, amestecați ciocolata până se omogenizează bine. Turnați ingredientele în aparatul de înghețată și lăsați-l să se amestece timp de 25 de minute.

d) Pune gelato într-un recipient ermetic și pune la congelator până la 2 ore, până când se obține consistența dorită.

INGREDIENTE:

- ½ cană smântână groasă
- 2 cani de lapte
- ¾ cană zahăr
- Unt de cocos
- 1 cană căpșuni feliate
- 1 lingura extract de vanilie

INSTRUCȚIUNI:

a) Folosind un blender, piureați bine căpșunile. Puneți laptele, smântâna și untul într-un castron și amestecați-le până se omogenizează bine. Se amestecă zahărul cu ajutorul unui tel.

b) Continuați să bateți timp de aproximativ 4 minute până când zahărul se dizolvă. Apoi amestecați extractul de vanilie și piureul de căpșuni.

c) Turnați ingredientele în aparatul de înghețată și lăsați-l să se amestece timp de 25 de minute.

d) Puneti gelato-ul intr-un recipient ermetic si dati la congelator pana la 2 ore, pana se ajunge la consistenta dorita.

84.Strate de croissant cu unt cu prosciutto

INGREDIENTE:
- 3 linguri de unt sărat, feliate subțire, plus încă pentru uns
- 6 cornuri, rupte aproximativ în treimi
- 8 ouă mari
- 3 cani de lapte integral
- 1 lingură muștar de Dijon
- 1 lingura de salvie proaspata tocata
- ¼ lingurita de nucsoara proaspat rasa
- Sare kosher și piper proaspăt măcinat
- 12 uncii de spanac congelat, dezghețat și stors uscat
- 1½ cană de brânză Gouda mărunțită
- 1½ cani de brânză Gruyère mărunțită
- 3 uncii prosciutto feliat subțire, rupt

INSTRUCȚIUNI:

a) Preîncălziți cuptorul la 350°F. Ungeți o tavă de copt de 9 × 13 inchi.

b) Aranjați cornurile în fundul vasului de copt și acoperiți-le cu untul feliat. Coaceți până se prăjește ușor, 5 până la 8 minute. Scoatem si lasam sa se raceasca in tava pana nu se mai fierbe la atingere, aproximativ 10 minute.

c) Într-un castron mediu, amestecați ouăle, laptele, muștarul, salvia, nucșoara și un praf de sare și piper. Se amestecă spanacul și ¾ de cană din fiecare brânză. Turnați cu grijă amestecul peste cornurile prăjite, distribuindu-l uniform. Acoperiți cu brânză rămasă și adăugați prosciutto pentru a termina. Acoperiți și lăsați la frigider pentru cel puțin 30 de minute sau peste noapte.

d) Când este gata de coacere, scoateți straturile din frigider și preîncălziți cuptorul la 350°F.

e) Coaceți până se fixează centrul straturilor, aproximativ 45 de minute. Dacă cornurile încep să se rumenească înainte ca straturile să fie gata de gătit, acoperiți-le cu folie și continuați coacerea.

f) Scoateți straturile din cuptor și lăsați să se răcească 5 minute înainte de servire.

85.Tartă cu piersici balsamice și brie

INGREDIENTE:

- 1 foaie de foietaj congelat, decongelat
- ⅓ cană pesto de busuioc cu lămâie
- 1 brânză Brie roată (8 uncii), coajată și feliată
- 2 piersici coapte, feliate subțiri
- Ulei de măsline extra virgin
- Sare kosher și piper proaspăt măcinat
- 3 uncii prosciutto feliat subțire, rupt
- ¼ cană oțet balsamic
- 2 până la 3 linguri de miere
- Frunze de busuioc proaspăt, pentru servire

INSTRUCȚIUNI:

a) Preîncălziți cuptorul la 425°F. Tapetați o tavă de copt cu ramă cu hârtie de copt.

b) Rulați ușor aluatul foietaj pe o suprafață de lucru curată până la o grosime de 1/8 inch și transferați-l pe foaia de copt pregătită. Înțepați aluatul peste tot cu o furculiță, apoi întindeți pesto uniform peste aluat, lăsând o margine de ½ inch.

c) Aranjați brie și piersici deasupra pesto și stropiți ușor cu ulei de măsline. Asezonați cu sare și piper și acoperiți cu prosciutto.

d) Se presară marginile aluatului cu piper.

e) Coaceți până când aluatul este auriu și prosciutto-ul este crocant, 25 până la 30 de minute.

f) Între timp, într-un castron mic, amestecați oțetul și mierea.

g) Scoateți tarta din cuptor, acoperiți cu frunze de busuioc și stropiți cu amestecul de miere. Tăiați în bucăți și serviți cald.

86.Tarta cu ceapa si prosciutto

INGREDIENTE:

- ½ kg aluat foietaj
- 4 cepe mari; tocat
- 3 uncii de prosciutto; tăiate cubulețe
- ½ linguriță de cimbru
- ½ linguriță de rozmarin
- 2 linguri ulei de masline
- 12 măsline negre în ulei; cu sâmburi
- Piper negru proaspăt măcinat
- Sare daca este nevoie
- 1 ou

INSTRUCȚIUNI:

a) Gatiti ceapa in ulei cu ierburi pana ce ceapa devine transparenta. Adăugați prosciutto și gătiți 3 minute. Se condimentează cu piper și se verifică sarea. Chill.

b) Întindeți aluatul într-un dreptunghi de 11" pe 9. Tăiați 4 benzi de aluat pentru a face marginile și apăsați-le pe marginile dreptunghiului.

c) Transferați pe o foaie de biscuiți și ungeți marginile cu ou bătut. Răciți ½ oră. Preîncălziți cuptorul la 425. Întindeți amestecul de ceapă pe aluatul pregătit. coace 30 de minute.

d) Reduceți focul la 300, decorați tarta cu măsline felii și continuați să coaceți încă 15 minute.

87.Pâine cu roșii cu prosciutto și măsline

INGREDIENTE:
- 1 lb pâine, 1 1/2 lb pâine
- 1 cană apă
- 2 linguri ulei vegetal
- ⅓ cană de roșii coapte
- ⅓ cană de măsline, alfonse fără sâmburi sau alte măsline curate la vin
- ⅓ cană prosciutto, mărunțit
- 2 lingurite de zahar
- ½ linguriță de salvie
- 1 lingurita sare
- ⅓ cană făină de secară
- 1½ cană făină integrală
- 1½ cană făină de pâine
- 1½ linguriță drojdie

INSTRUCȚIUNI:
a) Coaceți conform instrucțiunilor producătorului.

88. Popovers de prosciutto-portocale

INGREDIENTE:

- 1 cană de făină
- ¼ lingurita Sare
- 1 cană de lapte
- 2 oua; ușor bătută
- 1 lingura de margarina topita
- 2 felii de prosciutto; curățat de grăsime suplimentară; tocat mărunt
- 1 portocală mare; coaja rasa fin de

INSTRUCȚIUNI:

a) Dați tava la cuptor și preîncălziți la 450 de grade. Scoateți tava din cuptor imediat ce este fierbinte.

b) Se amestecă făina și sarea. Bateți laptele, ouăle și margarina topită până când amestecul este omogen. Nu exagerați. Se amestecă prosciutto și coaja de portocală.

c) Puneti aluatul in tava fierbinte si coaceti in cuptorul preincalzit 15 minute. Dați focul la 350 de grade și continuați să coaceți 15-20 de minute, până când se umflă și se rumenește. Nu deschideți niciodată ușa cuptorului în timpul coacerii, deoarece popover-urile se vor dezumfla.

d) Scoateți din cuptor și treceți un cuțit în jurul fiecărei popover.

e) Scoateți din tavă și străpungeți fiecare cu un cuțit.

89.Prosciutto confiat

INGREDIENTE:

- 3 căni de zahăr
- 1 1/2 cani de prosciutto di Parma felii, tocate

INSTRUCȚIUNI:

a) Topiți zahărul încet într-o cratiță de mărime medie, adăugați prosciutto și amestecați timp de 3 minute.

b) Întindeți amestecul peste o tavă cu ceară sau hârtie de pergament.

c) Se lasa sa se raceasca si se despart pentru a se sfarama.

90.Prajitura de cartofi cu mozzarella si prosciutto

INGREDIENTE:

- Prajitura de cartofi cu mozzarella si prosciutto
- 1/2 cană (35 g) pesmet proaspăt
- 900 de grame de cartofi, decojiti
- 1/2 cană (125 ml) lapte fierbinte
- 60 de grame de unt, tăiat cubulețe
- 2/3 cană (50 g) parmezan ras
- 2 oua
- 1 galbenus de ou
- 1 cană (100 g) mozzarella rasă
- 100 de grame de prosciutto, tăiat cubulețe
- baby rucheta, a servi

INSTRUCȚIUNI:

g) Preîncălziți cuptorul la foarte fierbinte, 200°C (180°C forțat de ventilator).

h) Ungeți o tavă arcuită de 20 cm cu unt; presara baza cu o treime din pesmet.

i) Fierbeți cartofii într-o cratiță cu apă clocotită cu sare timp de 15 minute, până se înmoaie. Scurgere; se intoarce in tava 1 minut, pana se usuca.

j) Piureați cartofii, adăugând lapte și jumătate din unt. Se amestecă parmezanul, ou și gălbenușul de ou; sezon.

k) Întindeți tava pregătită cu jumătate din amestecul de cartofi. Acoperiți cu mozzarella și prosciutto; acoperiți cu amestecul de cartofi rămas. Se punctează cu untul rămas; se presară cu pesmet rămas.

l) Coaceți 30 de minute, până devin aurii și calde; stați prăjitura 10 minute. Se taie si se serveste cu rucola.

INGREDIENTE:
PANNA COTTA DE MĂZARE VERDE:

- Spray de gătit de canola sau alt ulei neutru
- 1 lingura. fulgi de agar agar
- 1 tulpină mică de țelină, tăiată în bucăți
- 2" crenguță de rozmarin proaspăt
- 1 frunză de dafin
- 1/2 linguriță. boabe întregi de piper negru
- 1/4 lingurita. boabe întregi de ienibahar
- 2 crengute de patrunjel italian cu frunze plate
- Sare de masa, dupa gust
- 2 căni de mazăre verde
- 1/4 c. smantana
- 2 linguri de brânză brie
- Piper Cayenne, după gust
- Piper, după gust
- Micro verdeturi sau verdeturi de telina, pentru garnitura

CHIPSURI DE PROSCIUTTO:

- 4 felii subtiri Prosciutto de Parma

PANNA COTTA DE MĂZARE VERDE:

a) Preîncălziţi cuptorul la 400 ° F cu un gratar în centru. Tapetaţi o tavă de copt cu ramă cu folie. Ungeţi uşor cupele unei forme de mini brioşe de 12 căni cu spray de gătit şi puneţi deoparte.

b) Combina 1-3/4 cani de apa, agar agar, telina, rozmarin, frunza de dafin, boabe de piper, boabe de ienibahar, patrunjel si 1/4 lingurita de sare de masa intr-o cratita mica. Aduceţi la fiert la foc mare, răzuind fundul tigaii din când în când, apoi reduceţi focul la mic. Continuaţi să răzuiţi fundul tigaii ocazional, deoarece agar-agar-ului îi place să se depună, până când pare dizolvat, aproximativ 6-8 minute.

c) Adăugaţi mazărea într-un blender şi faceţi piure. Se strecoară bulionul de agar-agar printr-o sită cu plasă fină în blender. Adăugaţi smântână groasă, brie, un praf sau două de cayenne şi apă suplimentară pentru a aduce volumul chiar peste 2 căni.

d) Mixaţi până la omogenizare, răzuind părţile laterale ale blenderului după cum este necesar. Gustaţi şi ajustaţi condimentele cu sare, piper alb şi mai mult cayenne, dacă doriţi, amestecând scurt pentru a se încorpora pe deplin. Distribuiţi uniform amestecul printre cele 12 căni de brioşe pregătite.

e) Atingeţi tava de mai multe ori pentru a se stabili şi pentru a ajuta la îndepărtarea eventualelor bule de aer care s-ar fi putut forma. Se lasă deoparte aproximativ o oră pentru ca agar-agar să se întărească.

f) La momentul servirii, treceţi cu un cuţit subţire pe marginea panna cotta, apoi scoateţi fiecare.

CHIPSURI DE PROSCIUTTO:

g) Preîncălziţi cuptorul la 250 ° F.

h) Folosind un tăietor rotund de 1 inch, tăiaţi cercuri de prosciutto. Puneţi pe o tavă cu hârtie de copt şi coaceţi 10-15 minute până devin crocante. Rezervaţi pentru decor.

ASAMBLARE:

i) Puneţi panna cotta pe o tavă.

j) Puneţi un disc de prosciutto pe aioli.

k) Se ornează cu verdeţuri micro sau ţelină.

92.Gelat De Lime Cu Seminte De Chia

INGREDIENTE:

- Coaja rasa si zeama a 4 lime
- ¾ cană zahăr
- cupe jumatate si jumatate
- gălbenușuri mari
- 1¼ cană de smântână groasă
- ⅔ cană semințe de chia

INSTRUCȚIUNI:

a) Intr-un robot de bucatarie, pulseaza coaja de lime si zaharul de aproximativ 5 ori pentru a extrage uleiurile din coaja. Transferați zahărul de lămâie într-un bol.

b) Umpleți parțial un castron mare cu gheață și apă, puneți un castron mediu în apă cu gheață și puneți o strecurătoare cu ochiuri fine deasupra.

c) Într-o cratiță, combinați ½ cană de zahăr de lămâie și jumatate și jumătate. Aduceți la fiert la foc mediu, amestecând pentru a dizolva zahărul.

d) Între timp, adăugați gălbenușurile la zahărul de lămâie rămas în bol și amestecați pentru a se combina.

e) Pune treptat aproximativ jumătate din amestecul fierbinte de jumătate și jumătate în gălbenușuri în timp ce amestecăm continuu, apoi amestecați acest amestec în jumătatea și jumătate din cratiță.

f) Gatiti, amestecand continuu, pana cand crema este suficient de groasa pentru a acoperi spatele lingurii, aproximativ 5 minute.

g) Turnați crema prin strecurătoare în bolul pregătit și amestecați până se răcește.

h) Se amestecă sucul de lămâie, smântâna și semințele de chia. Scoateți vasul din baia de gheață, acoperiți și lăsați-l la frigider până când crema se răcește, cel puțin 2 ore sau până la 4 ore.

i) Congelați și amestecați într-un aparat de înghețată conform instrucțiunilor producătorului. Pentru o consistență moale, serviți imediat înghețata; pentru o consistență mai fermă, transferați-l într-un recipient, acoperiți și lăsați să se întărească în congelator timp de 2 până la 3 ore.

93.Poarta de inghetata de ciocolata si cirese

INGREDIENTE:

- 1 cană (2 bețișoare) unt nesărat
- 1 cană zahăr superfin
- 1 lingura extract pur de vanilie
- 4 oua, batute
- 2 căni mai puțin 1 lingură grămadă. făină universală
- 1 lingură grămadă. pudră de cacao neîndulcită
- 1 ½ linguriță. praf de copt
- 4 cani de cirese fara samburi si tocate
- ½ cană suc de afine
- 3 linguri. zahăr brun deschis
- ½ rețetă gelato de lux cu vanilie
- 1 cană smântână groasă, bătută ușor
- câteva cireșe pentru topping
- bucle de ciocolată

INSTRUCŢIUNI:

a) Preîncălziţi cuptorul la 350°F (180°C). Ungeţi uşor o tavă de prăjitură de 7 inci sau cu fundul liber. Bateţi untul, zahărul şi vanilia împreună până devine palid şi cremos.

b) Bateţi uşor jumătate din ouă, apoi adăugaţi treptat ingredientele uscate, alternând cu restul ouălor, până se omogenizează bine. Turnaţi în tava de tort pregătită, aplatizaţi partea superioară şi coaceţi timp de 35 până la 40 de minute până când sunt ferme la atingere.

c) Se răceşte în tavă, apoi se scoate, se înfăşoară în folie şi se dă la frigider până se răceşte cu adevărat, pentru a uşura felierea.

d) Pune cireşele într-o cratiţă mică cu sucul de afine şi zahărul brun. Gatiti la foc moderat pana se inmoaie. Se lasa deoparte la racit, apoi se da la frigider pana se raceste cu adevarat. Pregătiţi gelato-ul cu vanilie până ajunge la o consistenţă de lingură.

e) Cu un cuţit lung, tăiaţi tortul în trei straturi uniforme. Puneţi un strat în tava de tort de 7 inci şi acoperiţi cu jumătate de cireşe şi o treime din sucul acestora. Acoperiţi cu un strat de gelato, apoi cu al doilea strat de tort. Adăugaţi restul de cireşe, dar nu tot sucul (foloseşte restul de suc pentru a umezi partea inferioară a celui de-al treilea strat de prăjitură).

f) Acoperiţi cu restul de gelato şi cu stratul final de tort.

g) Apăsaţi bine, acoperiţi cu folie de plastic şi congelaţi peste noapte. (Dacă se doreşte, tortul poate fi păstrat la congelator până la 1 lună.)

94.Bombă de ciocolată

INGREDIENTE:
- ½ rețetă gelato cu ciocolată amară
- ½ cană smântână pentru frișcă
- 1 albus mic de ou
- ⅛ cană zahăr superfin
- 4 uncii. zmeura proaspata, piure si strecurata
- 1 reteta sos de zmeura

INSTRUCȚIUNI:

a) În congelator, dați la rece o formă de bombe de 3 ½ până la 4 cești sau un bol de metal. Pregătiți gelato-ul. Când are o consistență tartinabilă, puneți forma într-un bol cu gheață. Tapetați interiorul formei cu gelato, asigurându-vă că este un strat gros, uniform. Neteziți partea superioară. Puneți forma imediat în congelator și congelați până se întărește cu adevărat.

b) Intre timp, batem smantana pana se taie. Într-un castron separat, bate albușul spumă până formează vârfuri moi, apoi amestecă ușor zahărul până devine lucios și tare. Îmbinați frișca, albușul de ou și zmeura strecurată și răciți. Când gheața de ciocolată este cu adevărat fermă, turnați amestecul de zmeură în mijlocul bombei.

c) Se netezește partea de sus, se acoperă cu hârtie cerată sau folie și se îngheață cel puțin 2 ore.

d) Cu aproximativ 20 de minute înainte de servire, scoateți bombele din congelator, împingeți o frigărui fină prin mijloc pentru a elibera blocarea de aer și treceți un cuțit în jurul marginii superioare interioare. Răsturnați pe o farfurie răcită și ștergeți pentru scurt timp tigaia cu o cârpă fierbinte. Strângeți sau scuturați tigaia o dată sau de două ori pentru a vedea dacă bomba va aluneca; dacă nu, ștergeți din nou cu o cârpă fierbinte. Când alunecă afară, poate fi necesar să curățați suprafața superioară cu un cuțit de paletă mic și apoi să reveniți imediat la congelator timp de cel puțin 20 de minute pentru a se întări din nou.

e) Se servesc, taiate felii, cu sosul de zmeura. Această bombe se va păstra timp de 3 până la 4 săptămâni în tava sa în congelator.

95.Ananas copt Alaska

INGREDIENTE:

- 1 6 până la 8 oz. bucată de prăjitură cu ghimbir cumpărată din magazin
- 6 felii de ananas copt, decojit
- 3 căni de gelato tutti-frutti , înmoaie
- 3 albusuri mari
- ¾ cană zahăr superfin
- câteva bucăți de ananas proaspăt, pentru a decora

INSTRUCȚIUNI:

a) Tăiați tortul în 2 bucăți groase și aranjați într-un pătrat sau cerc pe o foaie de căptușeală reutilizabilă pe o tavă, astfel încât să îl puteți transfera cu ușurință într-un vas de servire mai târziu.

b) Tăiați cele 6 felii de ananas în triunghiuri sau sferturi, peste tort pentru a prinde orice picături. Aranjați bucățile de ananas deasupra prăjiturii, apoi acoperiți cu gelato. Dati imediat tava la congelator pentru a recongela gelato-ul, daca s-a inmuiat prea mult.

c) Între timp, albușurile se bat spumă până se întăresc, apoi se bate treptat zahărul până când amestecul devine tare și lucios.

d) Întindeți amestecul de bezea uniform pe toată gelato-ul și puneți-o la congelator. Acesta poate fi congelat pentru câteva zile, dacă doriți.

e) Când este gata de servire, încălziți cuptorul la 450 ° F (230 ° C). Pune tava în cuptorul încins pentru doar 5 până la 7 minute sau până când devine aurie peste tot.

f) Transferați într-un vas de servire și serviți imediat, decorate cu câteva bucăți de ananas proaspăt.

96.Pop-uri de gelato înmuiate în ciocolată

INGREDIENTE:
- 1 reteta de gelato de vanilie de lux
- 1 reteta sos de ciocolata
- nuci sau stropii tăiate mărunt

INSTRUCȚIUNI:

a) Faceți înghețata în linguri de diferite dimensiuni. Pune-le imediat pe hârtie cerată și recongelează-le foarte bine.

b) Se prepara sosul de ciocolata si apoi se lasa la loc racoros (nu rece) pana se raceste dar nu se ingroasa.

c) Acoperiți mai multe tavi cu hârtie cerată. Împingeți un bețișor de popsicle în centrul unei linguri de înghețată și scufundați-l în ciocolată pentru a o acoperi complet. Țineți-l peste bolul cu ciocolată până când s-a terminat de picurat și apoi așezați-l pe hârtie cerata curată.

d) Stropiți cu nuci sau stropi colorate, dacă doriți. Pune gheața la congelator și lasă până se întărește cu adevărat (câteva ore). Desi se vor pastra cateva saptamani, in functie de varietatea de inghetata folosita, este mai bine sa le consumi cat mai repede.

e) Face 6-8 (mai mult dacă folosiți o linguriță foarte mică)

97.Cappuccino frappé

INGREDIENTE:
- 4 linguri. lichior de cafea
- ½ rețetă de gelato cu cafea
- 4 linguri. rom
- ½ cană smântână groasă, bătută
- 1 lingura. pudră de cacao neîndulcită, cernută

INSTRUCȚIUNI:
a) Turnați lichiorul în baza a 6 pahare sau pahare rezistente la congelator și răciți bine sau congelați.
b) Pregătiți gelato conform instrucțiunilor până când este parțial înghețat. Apoi amestecați romul cu un mixer electric până devine spumos, puneți imediat cu lingura peste lichiorul congelat și congelați din nou până când se întărește, dar nu tare.
c) Peste gelato puneți frișca bătută.
d) Se presară generos cu pudră de cacao și se pune la congelator pentru câteva minute până când ești absolut gata de servire.

98.Smochine poșate în vin roșu condimentat cu gelato

INGREDIENTE:

- 1½ cană de vin roşu sec
- 1 lingura zahar (1-2L), dupa gust
- 1 baton de scortisoara
- 3 cuişoare întregi
- 3 Smochine întregi proaspete, tăiate în sferturi
- Gelat cu vanilie ca acompaniament
- Crengute de menta pentru garnitura, daca doriti

INSTRUCŢIUNI:

a) Într-o cratiţă combinaţi vinul, zahărul, scorţişoara şi cuişoarele.

b) Aduceţi lichidul la fierbere la foc moderat, amestecând şi fierbeţi amestecul timp de 5 minute. Adăugaţi smochinele şi fierbeţi până când smochinele sunt încălzite. Se lasa sa se raceasca sa se incalzeasca.

c) Aranjaţi linguri de gelato în două pahare cu tulpină şi acoperiţi cu smochine şi puţin din lichidul de braconat. Ornaţi cu mentă dacă doriţi.

99. Tort gelato cu bezea Pina colada

INGREDIENTE:

- ½ cană de ananas deshidratat
- 20 g ciocolată neagră (70%)
- 100 g bezea gata preparată
- 1¼ cană de smântână groasă
- 2-4 linguri de rom de nucă de cocos Malibu
- Menta proaspata sau nuca de cocos ras prajita, pentru decor

INSTRUCȚIUNI:

a) Tapetați o tavă de pâine de 13 x 23 cm cu folie de plastic. Asigurați-vă că lăsați câțiva cm de plastic deasupra părților laterale.

b) Toaca ananasul astfel incat nici o bucata sa nu fie mai mare decat o stafida. Faceți același lucru cu ciocolata.

c) Zdrobiți bezeaua într-un crumble. Încercați să faceți acest lucru rapid, deoarece bezeaua va prelua umezeala din aer și va deveni lipicioasă.

d) Într-un castron mare, bateți smântâna grea până la vârfuri moi. Adăugați Malibu, apoi bateți din nou câteva secunde până când vârfurile moi revin.

e) Adăugați ananasul și ciocolata în bol și amestecați-le ușor în cremă. Adăugați bezeaua și pliați din nou ușor. Turnați totul în tava de pâine și dați-i câteva lovituri moi de blat, astfel încât conținutul să se aseze și să se distribuie. Îndoiți plasticul peste partea de sus a prăjiturii, apoi înfășurați forma într-un alt strat de folie de plastic. Pune tortul peste noapte la congelator.

f) Pentru a servi, folosiți plasticul în sus pentru a trage prajitura din tavă. Felați și acoperiți cu crenguțe de mentă sau, mai bine, un strop de nucă de cocos ras prăjită. Este o prăjitură moale cu cremă, așa că devorează imediat.

100.Tort gelato cu bezea cu capsuni

INGREDIENTE:

- bezea italiană
- 4 albusuri proaspete
- 1 ½ cană de zahăr alb
- ¼ cană apă
- 1 lingură glucoză lichidă sau sirop ușor de porumb
- căpșune
- 3 cani de capsuni, spalate, uscate si decojite
- 1 lingură de zahăr glazurat/cofetar
- 1 lingura zahar alb
- cremă
- ¾ cană smântână dublă/grea

INSTRUCȚIUNI:

a) Pentru a face bezea italiană, puneți zahărul, apa și siropul de glucoză/porumb într-o oală de dimensiuni medii. Pune ouăle în vasul (curat cu scrupule) al unui mixer cu stand.

b) Setați focul sub oală la mediu mare, aduceți amestecul de zahăr la fierbere, rotind oala pentru a muta zahărul odată ce se dizolvă.

c) Utilizați un termometru pentru zahăr pentru a verifica temperatura siropului de fierbere. Vă rugăm să aveți grijă cu zahărul fierbinte! Când temperatura ajunge la 100C, porniți telul de pe mixerul pe stand la mare.

d) Când zahărul ajunge la 116C (sau stadiul de „minge moale"), luați siropul de pe foc și turnați încet în albușurile pufoase, ținând mixerul la viteză medie mare.

e) Odată ce tot siropul este turnat, reduceți viteza la mică și lăsați-l să bată până când albușurile se răcesc, acest lucru poate dura până la treizeci de minute.

f) În timp ce se întâmplă acest lucru, luați jumătate din căpșuni și zahărul cofetar și amestecați-le într-un robot de bucătărie până se omogenizează. Se strecoară printr-o sită pentru a îndepărta eventualele semințe și se păstrează la frigider.

g) Luați cealaltă jumătate de căpșuni și tăiați-le felii. Rezervă cele mai drăguțe felii pentru a-ți decora tortul, adaugă zahărul alb la rest și lasă la macerat.

h) Puneți smântâna într-un castron mare și bateți până la consistența unei înghețate moi (gândiți-vă la sundaes sau la Mr Whippy, în Marea Britanie)

i) Luați o tavă de pâine care să țină cel puțin șase căni, poate aveți nevoie de un alt recipient, deoarece acest amestec poate face până la zece căni... umeziți-l cu puțină apă, scuturați-l în exces și tapetați-l cu folie de plastic.

j) Puneți feliile de căpșuni rezervate într-un model pe fundul formei de pâine.

k) Luați smântâna și puneți-o cu lingură în bezea, împreună cu piureul de căpșuni și căpșunile feliate. Împăturiți totul ușor cu o lingură de masă, până când este doar ondulat.

l) Turnați amestecul în tava pregătită, orice în plus poate fi turnat într-un alt recipient tapetat. Blatul în cazul în care tortul principal poate fi netezit cu o spatulă târâtă peste el, mai degrabă ca un zidar netezește cimentul pe un zid de cărămidă. Faceți acest lucru peste celălalt recipient pentru a prinde excesul de amestec.

m) Acoperiți cu folie de plastic și înghețați până se fixează. Acest lucru va dura cel puțin 7-8 ore, dar poate fi lăsat peste noapte pentru a se întări complet.

n) Scoateți din congelator cu 10 minute înainte de servire, trageți folia de plastic, întoarceți-o pe o farfurie de servire, îndepărtați folie de plastic și folosiți un cuțit de pâine înmuiat în apă fierbinte pentru a tăia felii.

CONCLUZIE

Pe măsură ce încheiem călătoria noastră aromată prin „Bucătăria venețiană", sperăm că ați experimentat magia și autenticitatea bucătăriei venețiane în confortul propriei bucătării. Fiecare rețetă din aceste pagini este un tribut adus bogatului tapis de arome care definește regiunea Veneto - o sărbătoare a diverselor tradiții culinare, a prospețimii ingredientelor locale și a talentului de mâncăruri simple, dar rafinate.

Indiferent dacă ați savurat bogăția unui risotto cu fructe de mare, ați îmbrățișat generozitatea unui fel de mâncare de mămăligă venețiană sau v-ați încântat de dulceața tiramisu, avem încredere că aceste 100 de rețete v-au transportat în inima nord-estului Italiei. Dincolo de ingrediente și tehnici, spiritul gătitului venețian să vă inspire să vă insuflați mesele cu căldura, simplitatea și eleganța care definesc această tradiție culinară.

Pe măsură ce continuați să explorați lumea aromelor venețiene, „Bucătăria din Veneto" să vă fie tovarășul de încredere, ghidându-vă prin peisajele, piețele și tradițiile delicioase care fac din această regiune o adevărată comoară gastronomică. Iată pentru a savura gusturile ușoare și delicioase din nord-estul Italiei—buon viaggio culinario!

Milton Keynes UK
Ingram Content Group UK Ltd.
UKHW022313020424
440481UK00014B/549

9 781836 119302